Das Kochbuch Wolfenbüttel-Salzgitter

– Der heiße Heinrich – Köstliches aus LandFrauenhand –

Kreisverband der LandFrauenvereine Wolfenbüttel-Salzgitter

ISBN 978-3-86037-548-8

1. Auflage

©2013 Edition Limosa GmbH
Lüchower Straße 13a, 29459 Clenze
Telefon (0 58 44) 971 16-10, Telefax (0 58 44) 971 16-39
mail@limosa.de, www.limosa.de

Redaktion:
Kreisverband der LandFrauenvereine Wolfenbüttel-Salzgitter

Lektorat:
Doreen Rinke

Satz und Layout:
Zdenko Baticeli, Lena Hermann

Korrektorat:
Gerd Schneider

Unter Mitarbeit von:
Britta Arndt, Martina Grocholl, Karin Monneweg

Medienberatung:
Meike Schreiber

Gedruckt in Deutschland

Kreisverband der LandFrauenvereine Wolfenbüttel-Salzgitter

Das Kochbuch
Wolfenbüttel-Salzgitter

Der heiße Heinrich – Köstliches aus LandFrauenhand

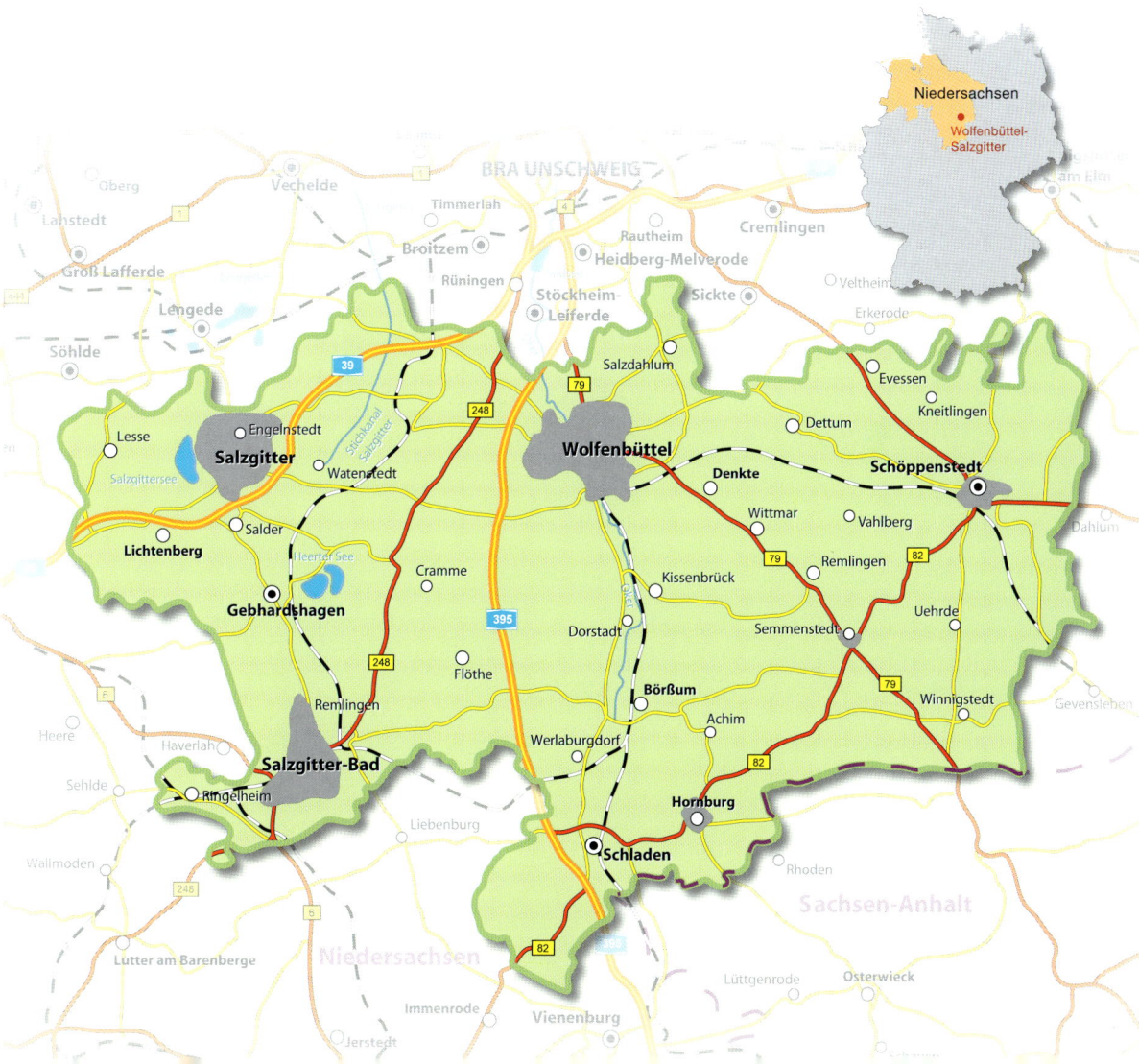

Vorwort

Liebe Leserinnen und Leser,
wir freuen uns, Ihnen unser Kochbuch zu präsentieren.

Mit regionalen und saisonalen Produkten sind Speisen schnell zubereitet und gesünder als Fast Food und Fertiggerichte. Es ist uns LandFrauen ein Anliegen, dieses Wissen weiterzugeben. Unser Kochbuch soll bei der Frage helfen »Was koche ich heute?«. Hier können Sie Ihr Mittagessen zusammenstellen und finden viele neue Ideen für liebe Gäste. Gleichzeitig zeigen wir die Besonderheiten der Region Wolfenbüttel und Salzgitter. Lassen Sie sich inspirieren und erleben Sie selbst die Vielfalt unserer Heimat zwischen Stahlkochern und Höhenzügen mit malerischen Wanderwegen und geschichtsträchtigen Orten, Plätzen und Häusern wie beispielsweise Asseburg, Hagenmühle Hornburg, Herzog August Bibliothek Wolfenbüttel oder Schloss Salder.
Der Kreisverband der LandFrauenvereine Wolfenbüttel-Salzgitter besteht aus den sechs Ortsvereinen: LFV Hornburg, LFV Salzgitter-Lesse, LFV Salzgitter-Wolfenbüttel Süd, LFV Schöppenstedt, LFV Semmenstedt, LFV Wolfenbüttel.
LandFrauen bilden ein Netzwerk von Frauen für Frauen. Wir setzen uns ein für die Interessen von Frauen und Familien in unserer ländlichen Region. Dabei sind Tradition und Moderne in unseren Vereinen kein Widerspruch. Wir vereinen Frauen aller Generationen und Berufsgruppen. LandFrauen sind vielseitig engagiert. Die LandFrauenvereine bieten Vorträge, Seminare, Fahrten und vieles mehr. Überzeugen Sie sich selbst und sprechen Sie uns an! Wir – das Autorenteam (Ursula Hanke, Dietlinde Gröpler, Renate von Hubatius, Simone Hagemann, Andrea Kempe, Carmen Meier, Berit Hartig und Meike Schreiber) – bedanken uns für die umfassende Unterstützung durch unsere Mitglieder und Freunde. Wir wünschen Ihnen viel Spaß beim Ausprobieren der Rezepte, Lesen der Geschichten und Betrachten der zahlreichen, schönen Fotos.

Meike Schreiber
Vorsitzende des Kreisverbandes
der LandFrauenvereine Wolfenbüttel-Salzgitter

Vorstand des Kreisverbandes der
LandFrauen Wolfenbüttel-Salzgitter

Warum »Heißer Heinrich«?

Warum nennen wir zum Beispiel unsere Steckrübensuppe »Heißer Heinrich«? Begrenzt von den Höhenzügen Elm im Osten und den Lichten Bergen im Westen erstreckt sich das Gebiet unseres LandFrauen Kreisverbands Wolfenbüttel-Salzgitter. Liebevolle Aufnahmen unserer Heimat zeigen die enorme Vielfalt der Region, in der sowohl arbeitsplatzschaffende Industrie, als auch nachhaltige Landwirtschaft ihren Platz haben. Nerven wie Stahl müssen die Männer im Stahlwerk Salzgitter haben, die Tag und Nacht den Hochofen füllen, glühend **heißen** Stahl kochen, 24 Stunden am Tag und 365 Tage im Jahr. Daran angelehnt ist das Attribut »heiß« im Titel des Rezeptes.

Und Heinrich? Okay, **Heinrich** der Löwe (1129 bis 1195) war sicher keine klassische Land-Frau. Aber ihm verdanken wir das teuerste Buch der Welt – das Evangeliar »Heinrich des Löwen« – zu besichtigen in der Herzog August Bibliothek in Wolfenbüttel. Heinrich steht daher für die zum Teil mehr als 1000-jährigen, geschichtsträchtigen Dörfer und Städte in der Region Hornburg und Wolfenbüttel. Übrigens, das Rezept »Steckrübensuppe – Heißer Heinrich« finden Sie in diesem Buch auf Seite 45.

Viel Vergnügen auf der kulinarischen Reise durch unsere Region im Herzen Niedersachsens, auf die wir Sie nun mitnehmen. Nehmen Sie gedanklich Platz an unserer kreativen »Kost-Bar« und gönnen Sie sich zunächst selbst einen Augenschmaus beim Durchblättern dieses Buches. Anschließend folgt der Gaumenschmaus vielleicht mit Familie, Freunden oder lieben Gästen.

Gutes Gelingen wünscht Ihnen
Andrea Kempe, Mitglied des Vorstandes

Herzog August Bibliothek: Hier befindet sich das Evangeliar Heinrichs des Löwen.

Geschichten und Erzählungen

Reizvolle Fachwerkstadt Wolfenbüttel 13
Modern und traditionsbewusst –
Landwirtschaft im Braunschweiger Land 18
Feuersbrunst in Schöppenstedt 22
In diesem Büchlein 27
So gelingt doch jedes Rezept 31
Der Salzgittersee – von der Kieskuhle zum Naherholungsgebiet 37
Die Asse und ihre interessante Umgebung 42
Grenzöffnung im November 1989
zwischen Mattierzoll und Hessen am Fallstein 48
Der Spaß mit dem Schwänzchen 56
Wie die Schöppenstedter einen schiefen Kirchturm bekamen 61
Die Sülzenpresse – Schlachtefest im Winter 1946 65
Hopfen- und Fachwerkstadt Hornburg 70
Im Braunschweiger Land ist »Braunkohl« ein Synonym für Grünkohl ... 76
Von Zigarrenstummeln und dem Entenbraten 79
Helene Künne – Mitbegründerin
der LandFrauenbewegung in Niedersachsen 82
Kochen mit Kindern – ein erfolgreiches
LandFrauenprojekt macht Schule 86
Brandheiße Pfannkuchen in Barum 90
Evessen – zwischen Tumulus und Obstplantagen 96
Schöppenstedt und Umgebung 104
Dä Osterkauken 113
Sprüche rund um die Küche 119
Henriette Breymann – Mitbegründerin der Frauenbildung 127
Wirtschaftsstandort Salzgitter 135
Das gestörte Rübensaftkochen 141
Der Skulpturenweg – Von Paris über Salzgitter bis Moskau 147
Was Großmutter noch wusste 150
Sprüche rund um die Küche 155
Das Mütze 163

Schwarz werden die Stoppelfelder.

Inhaltsverzeichnis

Vorwort 4
Warum »Heißer Heinrich«? 5

Vorspeisen und kleine Leckereien 8
Salate 20
Suppen und Eintöpfe 32
Fleischgerichte 46
    – mit Geflügel 50
    – mit Hackfleisch 51
    – mit Rind 57
    – mit Schwein 59
Fischgerichte 66
Traditionelle Gerichte und Beilagen 74
Kochen mit Kindern 86
Dips und Soßen 92
Süße Vielfalt und Desserts 100
Aus der Backstube 110
    – Kuchen 110
    – Torten 122
    – Gebäck 139
Kleine Besonderheiten aus der Vorratskammer 148
Köstliche Kaltgetränke und Liköre 158

Begriffserläuterungen 166
Maße und Gewichte 167
Abkürzungen 167
Rezeptregister nach Kapiteln 167
Bildquellennachweis 171

Wenn nicht anders vermerkt,
sind alle Rezepte für vier Personen ausgelegt.

Kleiner Fuchs

Blätterteig-Schiffchen mit Lachscreme

270 g Blätterteig (1 Rolle, aus dem Kühlregal)	etwa 10 Minuten bei Zimmertemperatur ruhen lassen. 2 Bleche mit Backpapier auslegen. Eine ovale Schablone aus Pappe (9 cm lang) ausschneiden. Aus dem Teig etwa 12 Ovale schneiden und auf die Backbleche legen. Den restlichen Teig aufeinanderlegen (nicht kneten) und ausrollen, in Streifen schneiden, zu Kordeln drehen und ebenfalls auf die Backbleche legen. Alles mit
4 EL Sahne	bestreichen, mit
1 TL Sesam	und
grobes Salz	bestreuen. Bei 200 °C im Backofen 10 bis 15 Minuten backen.
150 g Lachs (fein geschnitten)	mit
150 g Feta	
200 g Kräuterfrischkäse	und
1 EL Sahne	verrühren. Mit
weißer Pfeffer	und
1 TL rosa Pfefferbeeren	abschmecken. Die Creme auf die Schiffchen verteilen.
1 rote Zwiebel	in feine Ringe schneiden. Damit die Schiffchen garnieren. Die Sesamstangen dazureichen.

Ehemalige Rangierlok der Zuckerfabrik Schladen

Kräuter-Lachs-Nocken auf Salat

80 – 100 g Räucherlachs	in sehr feine Würfel schneiden, mit
100 g Doppelrahmfrischkäse	
1 EL Milch	
1 EL Dill (gehackt)	und etwas
Zitronensaft	zu einer Lachscreme verrühren. Mit
Salz, Pfeffer	würzen und 30 Minuten kalt stellen.
50 g Feldsalat	putzen und waschen.
1 Tomate	waschen, vierteln, entkernen und in feine Würfel schneiden, mit dem Feldsalat vermischen. Aus
1 EL Wasser	
2 EL Öl	
1 Prise Zucker	sowie
Salz, Pfeffer	eine Soße rühren, über den Salat geben. Aus der Lachscreme mit einem Löffel Nocken formen und auf dem Salat anrichten.

9

Pizzabrötchen

250 g Kochschinken	und
250 g Gouda	
280 g Champignons (aus der Dose)	
250 g Schmand	
1 Zwiebel	sowie
1 Bund gemischte Kräuter	klein schneiden bzw. fein hacken und alle Zutaten vermengen. Mit
Pizzagewürz	abschmecken und nach Belieben mit etwas
Sahne	verfeinern. Die Masse auf
20 Brötchenhälften	verteilen und bei 180 °C etwa 10 bis 15 Minuten im Ofen überbacken.

> Sie können auch ein Fladenbrot durchschneiden und diese Brothälften mit der Masse belegen.

Zuckerfabrik in Schladen – geschichtliche Wurzeln reichen zurück bis in das Jahr 1838

Mini-Käsebrötchen (ergibt etwa 30 Stück)

200 g Mehl	mit
½ TL Salz	
1½ TL Backpulver	und
100 g geriebener Emmentaler oder Gouda	mischen.
2 EL Butter	würfeln und in der Mehlmischung verteilen.
125 ml Milch	dazugeben und alles rasch zu einem geschmeidigen Teig rühren. Aus dem Teig etwa 30 kleine Brötchen formen und diese mit
Milch	bestreichen. Dann mit etwas
Käse (gerieben)	bestreuen und im vorgeheizten Backofen bei 200 °C auf mittlerer Schiene 12 Minuten backen.

Die Brötchen möglichst frisch gebacken servieren oder bald nach dem Backen einfrieren. Tiefgefroren sind sie etwa 3 Monate haltbar.

Großer Zimmerhof in Wolfenbüttel

Gefüllter Mozzarella – gebacken

4 Kugeln Mozzarella	waagerecht durchschneiden und mit
Salz	bestreuen.
50 g schwarze Oliven	und
50 g getrocknete, in Öl eingelegte Tomaten	würfeln. Die Hälfte der Füllung auf 4 Käsehälften verteilen. Jeweils mit einem
Rosmarinzweig	belegen. Die anderen Mozzarellahälften wieder darauflegen und mit
8 Scheiben Bacon	(je 2 Scheiben) umwickeln. Eine Auflaufform mit
Öl	einstreichen. Die Kugeln einlegen, mit der restliche Füllung bestreuen und im vorgeheizten Backofen bei 225 °C etwa 7 bis 10 Minuten backen. Mit etwas
Olivenöl	beträufeln und sofort servieren.

11

Möhren-Antipasti

500 g Möhren	im Ganzen (ungeschnitten) bissfest kochen, erkalten lassen und dann in 3 cm lange Spalten schneiden.
1 Knoblauchzehe	fein hacken, mit
4 EL Balsamico-Essig	sowie
5 EL ÖL	
1 Prise Salz	
½ TL frischer Oregano	und
1 Msp. Cayennepfeffer	verrühren. Mit den Möhren mischen und einen Tag durchziehen lassen.

Frühlingsblüher

Porree-Birnen-Tarte

250 g Blätterteig (aus dem Kühlregal)	in eine Tarte- oder Springform legen und einen 2 cm hohen Rand formen.
300 g Porree	putzen, in feine Ringe schneiden und in einer Pfanne mit
1 EL Öl	andünsten. Inzwischen
1 Birne	würfeln, nach 2 Minuten zum Porree geben und weitere 2 Minuten dünsten. Mit
Salz, Pfeffer	und
Kümmel (gemahlen)	würzen. Für die Soße
150 g Ziegenfrischkäse	mit
70 ml Sahne	
2 Eier	sowie
2 TL körniger Senf	pürieren und mit
Salz, Pfeffer	würzen. Zuerst das Porree-Birnen-Gemisch auf den Teig füllen, dann die Soße darübergießen. Bei 200 °C etwa 20 bis 25 Minuten backen.

Dazu reicht man Feld- oder Rucolasalat.

Barockschloss Wolfenbüttel

Reizvolle Fachwerkstadt Wolfenbüttel

Von Henning Schreiber

Die niedersächsische Kreisstadt Wolfenbüttel liegt in der Mitte Deutschlands, zentral zwischen Harz und Heide. Durch die Stadt fließt die Oker. Die reizvolle Fachwerkstadt zählt heute rund 51 000 Einwohner und bietet einen ganz besonderen geschichtlichen Hintergrund.

Erstmals urkundlich erwähnt ist Wolfenbüttel 1118 als »Wulferesbutle«. Widekind von Wolfenbüttel baute die Siedlung in dieser Zeit zu einer Festung aus. Diese wurde vom Welfen-Herzog Heinrich dem Wunderlichen zu einer Residenzfestung weiterentwickelt. Eine Stadtmauer bekam Wolfenbüttel um 1500. Von dort an residierten hier Herzöge des Hauses Braunschweig-Lüneburg in einem barocken Schloss, das bis heute das Wahrzeichen Wolfenbüttels ist und ein Gymnasium beheimatet. Bis 1753 blieb Wolfenbüttel Residenz der Herzöge im Fürstentum Braunschweig-Wolfenbüttel. Ihnen hat Wolfenbüttel die Herzog August Bibliothek zu verdanken. Sie bewahrt eine bedeutende Sammlung an althistorischen Schriften und Bibeln auf. Der bekannteste Bibliothekar hieß Gotthold Ephraim Lessing. Er lebte in einem kleinen Gartenhaus, dem heutigen Lessinghaus. Dort schrieb er das Drama »Nathan der Weise«, das in dem nach ihm benannten Lessing-Theater uraufgeführt wurde. Früher wie heute werden dort eine Vielzahl an Theaterstücken, Lesungen und Konzerten angeboten. Während der herzoglichen Residenz wurde die Hauptkirche »Beatae Mariae Virginis« erbaut. Sie ist die erste bedeutende protestantische Großkirche der Welt und bildet den offiziellen Stadtmittelpunkt Wolfenbüttels.

Neben den vielen großen herrschaftlichen Gebäuden lohnt sich ein Spaziergang durch die Straßen und Gassen Wolfenbüttels. Man findet über 600 liebevoll restaurierte Fachwerkhäuser, Kleinode wie »Klein Venedig«, das aus den noch erhaltenen Grachten der Herzogzeit stammt, den Krambuden und den historischen Stadtmarkt mit Reiterstatue des Herzog August, umrahmt von den Fachwerkgebäuden des Rathauses, des Ratskellers und des Standesamtes. Cafés, Biergärten und Restaurants laden zum Verweilen ein, um dieses besondere Flair der gut erhaltenen Innenstadt zu genießen.

Die Ostfalia, Fachhochschule für angewandte Wissenschaften, bietet 8000 Studenten Platz, um sich in 57 Studiengängen weiterbilden zu können. Fortschrittliche Unternehmen mit Stammsitz in Wolfenbüttel sind weit über die Landesgrenzen bekannt. Ein Hersteller für Kräuterliköre mit Hirschgeweih erlangte Weltruhm, jeweils ein Unternehmen der Landmaschinen- und der Großküchen-Industrie sowie ein Pflanzenschutzmittelhersteller sind in Wolfenbüttel beheimatet.

13

Die St. Trinitatiskirche in Wolfenbüttel wurde 1716 erbaut.

Kartoffelwaffeln

1 kg Kartoffeln	als Pellkartoffeln am Vortag abkochen und pellen. Dann fein reiben oder raspeln.
6 Zwiebeln	klein schneiden oder reiben und zu den Kartoffeln geben.
80 g Butter	zerlassen und dazugeben.
500 ml Milch	sowie
5 Eier	
2 TL Salz	
1 Pck. Backpulver	
300 g Mehl	hinzufügen und aus den Zutaten einen Teig bereiten. Dann portionsweise im Waffeleisen backen.

> Dazu schmeckt Apfelmus oder ein Quark-Kräuterdip.

14

Marinierter Brie

3 – 4 EL Balsamico-Essig (bianco)	mit
2 – 3 EL Öl	und
Salz, Pfeffer, Zucker	
2 EL Petersilie (gehackt)	sowie
1 rote Zwiebel (gehackt)	zu einer Vinaigrette verrühren.
200 g Brie	in 12 bis 16 Dreiecke schneiden und mit der Vinaigrette beträufeln. 4 Teller mit
Eichblatt- oder Kopfsalatblätter	belegen. Den Käse darauf verteilen.
12 – 15 Walnüsse	grob hacken und auf dem Käse verteilen.
1 rote Zwiebel	in dünne Scheiben schneiden und die Teller damit dekorieren.

Ein fast komplettes Gericht

Knoblauch-Garnelen auf Salat

100 g Salatmajonäse	mit
1 – 2 EL Zitronensaft	
6 EL Milch	
1 – 2 TL eingelegter, grüner Pfeffer	verrühren. Mit
Salz, Pfeffer	und etwas
Worcestersoße	abschmecken.
8 rohe Garnelen	waschen, schälen und den Darm entfernen.
1 Knoblauchzehe	fein hacken in
2 EL Öl	andünsten, die Garnelen darin 2 Minuten von jeder Seite anbraten.
½ Kopf Römersalat	zupfen.
150 g Erdbeeren	in feine Scheiben schneiden, mit dem Salat und den Garnelen auf Tellern anrichten und die Soße darüberträufeln.

15

Endlich Feierabend nach einer gelungenen
LandFrauenveranstaltung

Kissen selbst genäht

Kräuterfaltenbrot

600 g Mehl	mit
300 ml lauwarmes Wasser	und
1 Würfel Hefe (42 g)	
½ TL Zucker	
2 TL Salz	sowie
50 ml Öl	in eine Schüssel geben und zu einem elastischen Teig kneten. An einem warmen Ort 30 Minuten gehen lassen.
1 Knoblauchzehe	sowie
1 Zwiebel	fein würfeln.
3 Stängel Petersilie (abgezupft)	und
3 Stängel Basilikum (abgezupft)	
3 Stängel Oregano	fein hacken. Die Kräuter mit Knoblauch, Zwiebel und
120 g weiche Butter	
1 TL Salz	verkneten. Den Teig ausrollen, mit der Kräuterbutter bestreichen und in 5 cm breite Streifen schneiden. Diese wie eine Ziehharmonika in Falten legen (WWWWW). In eine gefettete Springform dicht nebeneinander setzen und etwa 15 Minuten gehen lassen. Dann etwa 25 bis 30 Minuten bei 180 °C backen.

16

Stoppelfeld

Bei der Aussaat

Obazda

1 Zwiebel	schälen und in der Küchenmaschine zerkleinern.
120 g Camembert	in Würfel schneiden. Alle Zutaten mit
200 g Frischkäse	
40 g weiche Butter	
1 TL Paprika edelsüß	
je 1 Prise Salz, Pfeffer	in der Küchenmaschine gut verrühren.

17

Maisernte in Hohenassel

Getreideernte Hohenassel

Modern und traditionsbewusst – Landwirtschaft im Braunschweiger Land

Von Berit Hartig, Landwirtschaftskammer Niedersachsen

Das Braunschweiger Land ist geprägt durch die typischen Elemente einer lebendigen Kulturlandschaft. Der Wechsel von Wald, Grünland und Ackerflächen mit Getreidefeldern, Zuckerrüben und in jüngster Zeit auch Mais prägen die Region. Niedersachsen ist das Agrarland Nr. 1. Das zeigt sich daran, dass die Ernährungswirtschaft nach der Automobilindustrie der zweitwichtigste Wirtschaftssektor im Land ist.

Die Landkreise Wolfenbüttel und Salzgitter zählen zu den besonders ertragreichen Ackerbauregionen in Deutschland. Insgesamt verfügen die beiden Landkreise über eine landwirtschaftliche Nutzfläche von mehr als 60 000 Hektar. Die hohe Produktivität der landwirtschaftlichen Betriebe zeigt sich in der Anbaustruktur. Bei einem sehr geringen Anteil Grünlandflächen von nur drei Prozent sind die Betriebe vor allem auf den Ackerbau spezialisiert. Auf über 60 Prozent der Flächen wird Getreide angebaut und von den Getreidearten ist der Weizen mit 32 000 Hektar die Hauptfrucht. Einen weiteren Anbauschwerpunkt bilden die Zuckerrüben mit über 10 000 Hektar, die in der nahegelegenen Schladener Zuckerfabrik verarbeitet werden.

Im Vergleich zu anderen Regionen hat die landwirtschaftliche Nutztierhaltung hier eine sehr untergeordnete Bedeutung. Nur sehr wenige landwirtschaftliche Betriebe haben sich in den Bereichen Hähnchenmast, Milchvieh oder Schweinehaltung spezialisiert. Deutlich macht dieses auch ein Vergleich der Tierzahlen: So stehen in der Region etwa 1000 Milchkühe mit sinkender Tendenz und 2000 Pferde mit steigenden Tierzahlen.

Der landwirtschaftliche Strukturwandel macht auch vor der Region Wolfenbüttel und Salzgitter nicht halt. Viele kleinere Betriebe vollziehen keinen Generationswechsel mehr, sondern laufen aus und ihre Flächen kommen aufstrebenden wachsenden Betrieben zugute. In der Kulturlandschaft wird dies durch wachsende Schlaggrößen deutlich.

Neugierige Pferde auf der Weide

Räucherforellenmousse

2 frisch geräucherte Forellen	häuten und das Fleisch mit einem kleinen Messer von den Gräten zupfen.
2 mittelgroße Schalotten	pellen und klein schneiden. Forellen und Schalotten im Mixer pürieren. Mit
1 EL Crème fraîche	verrühren und nach und nach etwa
100 ml Sahne	zugießen, bis eine cremige Masse entstanden ist. Mit
Salz, weißer Pfeffer	würzen und gut kühlen.

> Schmeckt – mit fein gehacktem Dill garniert – vorzüglich auf runden Pumpernickelscheiben oder Cracker.

Schwedische Lachspizza

19

2 Pck. Blätterteig (à 270 g, aus dem Kühlregal)	auf ein Backblech legen.
400 g geräucherter Lachs	klein zupfen, darauf verteilen.
4 Eier	mit
400 g geriebener Käse	sowie
Salz, Pfeffer, Muskat	verrühren, über dem Lachs verteilen und bei 200 °C etwa 15 Minuten backen.
1 Bund Dill	fein hacken und vor dem Servieren überstreuen.

> Kalt und warm ein Genuss!

Schafweide am Ösel

Bunter Matjessalat (für 6 Personen)

8 Matjesfilets	sowie
2 hart gekochte Eier	
2 Zwiebeln	
2 Tomaten	
2 Gurken	und
2 Äpfel	in Würfel schneiden und alle Zutaten in eine Schüssel geben.
200 ml Sahne	steif schlagen, mit
2 EL Majonäse	verrühren und mit
Salz, Pfeffer	abschmecken.
Schnittlauch oder Dill	schneiden, dazugeben und über den Salat gießen. Vor dem Servieren durchziehen lassen.

Da haben wir den Salat!

Blick auf Schliestedt

Krithráki-Salat

500 g Krithráki-Nudeln	nach Packungsanweisung kochen und abgießen.
3 Paprikaschoten	putzen und würfeln. Alle Zutaten mit
285 g Mais (aus der Dose, abgetropft)	vermengen. Für die Soße
150 g Zucker	mit
150 ml Weißwein-Essig	sowie
150 ml Wasser	
130 ml Olivenöl	
1 TL Salz, 1 TL Curry	
1 TL Gemüsebrühe	
1 – 2 TL Kurkuma	und etwas
Pfeffer	aufkochen und heiß über den Salat gießen. Über Nacht abkühlen lassen.

> Krithráki sind kleine Nudeln in Getreidekorn- beziehungsweise Reisform aus der Griechischen Küche.

21

Käse-Wurst-Salat (für 8 Personen)

500 g Emmentaler	sowie
500 g Fleischwurst	in Stifte schneiden.
500 g Porree	putzen und waschen. Nur das Weiße und Hellgrüne in Ringe schneiden. Alle Zutaten in eine Schüssel geben
1 Bund glatte Petersilie	fein hacken und mit
125 ml Öl	
125 ml Weißwein-Essig	
Salz, Pfeffer aus der Mühle	sowie
3 – 4 EL mittelscharfer Senf	verrühren, über die vorbereiteten Salatzutaten geben. 1 Stunde durchziehen lassen.

In Schliestedt, zur Samtgemeinde Schöppenstedt gehörend, steht einer der bedeutendsten Rokokobauten im Braunschweiger Land. Das Schloss Schliestedt wurde im 18. Jahrhundert von Heinrich Bernhard von Schliestedt an der Stelle einer alten Wallburg erbaut. Es beherbergt heute ein Seniorenheim mit vielfältigen Angeboten. Der historische Spiegelsaal steht auch für verschiedene Veranstaltungen, zum Beispiel Trauungen, zur Verfügung.

Feuersbrunst in Schöppenstedt

Von Marie-Luise Brandt

Im Oktober 1743 wurde Schöppenstedt von einer großen Feuersbrunst heimgesucht, wodurch 84 Bürgerhäuser samt Nebengelassen, wie Scheunen und Ställe niederbrannten und die Menschen in große Not stürzten.

Herzog Karl I. ernannte Karl August Funke zum Gerichtsschultheiß zu Schöppenstedt und beauftragte ihn, die Stadt wieder aufzubauen, die Bürger zur Annahme angewiesener Hilfsmittel anzuhalten und die Verwaltung der Stadt in Ordnung zu bringen. Im Jahre 1747 wurde zum planvollen Wiederaufbau unter anderem eine Brandkasse und eine erneuerte Feuerordnung erlassen, nach der die üblichen Strohdächer entfernt und die Häuser mit Ziegeln bedeckt werden sollten. Dies erfolgte nach und nach, so dass 1745 diese Verordnung teilweise umgesetzt war.

1754 wurden bei den letzten noch verbliebenen Häusern die Strohdächer eingerissen und so die Bürger gezwungen, die Dächer mit Ziegeln einzudecken. Gleichzeitig wurde ihnen eine Geldstrafe über zehn Thaler angedroht. Dies überzeugte auch die letzten uneinsichtigen Bürger von Schöppenstedt. Zu Ehren des Herzogs Karl I. wurde in Schöppenstedt die Verbindungsstraße zwischen Marktplatz und Abelnkarre Karlstraße benannt.

Quelle: Einwohnernachschlagebuch Stadt Schöppenstedt von 1930

Fachwerkhaus in Schöppenstedt

Nudelsalat (für 6 Personen)

500 g Nudeln	in reichlich Salzwasser bissfest kochen und mit kaltem Wasser abschrecken.
250 g Schafskäse	sowie
100 g getrocknete Tomaten in Öl	fein würfeln.
1 Bund Rucola	waschen, verlesen und klein schneiden. Für die Soße
125 ml Öl	mit
4 EL Balsamico-Essig	
4 EL Tomatenmark	und
Salz, Pfeffer	verrühren. Alles gut vermischen und kalt oder lauwarm servieren.

Eisbergsalat mit Krabben

23

150 g Crème fraîche	mit
3 EL Weinessig	
Salz, Pfeffer, Zucker	und
2 Bund Schnittlauch (in Röllchen)	verrühren.
200 g Champignons	in Scheiben schneiden und 1 Stunde in der Soße marinieren. Dann
¼ Kopf Eisbergsalat	putzen und waschen.
300 g Krabben	kalt abspülen mit allen Zutaten in einer Schüssel vermischen. Zum Schluss etwas
Zitronensaft	darüberträufeln.

Das Eulenspiegelmuseum Schöppenstedt wurde 1961 erbaut. In dem kleinen Elmdorf Kneitlingen, zur Samtgemeinde Schöppenstedt gehörend, wurde im Jahre 1300 Till Eulenspiegel geboren. Um 1500 hat Herrmann Bote (Braunschweiger Zollschreiber) die 95 Streiche Eulenspiegels aufgeschrieben und veröffentlicht. Dieses Buch wurde in viele Sprachen übersetzt und wird auch heute noch gern gelesen. Wer mehr darüber erfahren möchte, besucht am besten das Eulenspiegelmuseum in Schöppenstedt.

Dosen-Salat (für 8 bis 10 Personen)

1 Dose Erbsen (425 ml)	sowie
1 Dose Mais (425 ml)	
1 Dose Ananasstücke (425 ml)	
1 Dose Mandarinen (425 ml)	
1 Dose Champignons (280 g)	und
1 Dose Spargelstücke (280 g)	abtropfen lassen.
300 g Fleischwurst	in Würfel schneiden. Alle Zutaten in eine Schüssel geben, mit
250 – 300 g Salatmajonäse	und etwas Ananas- und Spargelsaft vermischen. Mit
Salz, Pfeffer	nachwürzen.

Eier-Schinkensalat

24

10 Eier	hart kochen, pellen, abkühlen lassen und fein würfeln.
100 g roher Schinken	in
1 – 2 EL Öl	kross ausbraten.
250 g Salatmajonäse	mit
5 EL Milch	sowie
150 g Joghurt	verrühren, mit
Salz, Pfeffer	und
1 Prise Zucker	würzen. Alle Zutaten in die Soße geben, vorsichtig unterheben.
1 Bund Schnittlauch	in Röllchen schneiden. Bis auf einige Schnittlauchröllchen alles mit der Soße vermengen. Anrichten und mit den restlichen Röllchen bestreuen.

Hühnerschar

Lauwarmer Gnocchi-Salat

375 g Gnocchi	nach Packungsanweisung garen, abgießen und kalt abspülen.
1 kleine Zucchini	sowie
250 g Champignons	in Scheiben schneiden.
1 rote Paprikaschote	würfeln. Das Gemüse und die Pilze in
2 EL Öl	bissfest garen, mit
Salz, Pfeffer	würzen.
1 EL Gemüsebrühe	in
4 EL Wasser	auflösen, zusammen mit
1 Knoblauchzehe	
1 EL Weißwein-Essig	
2 EL Öl	und
1½ EL Tomatenmark	pürieren. Mit
Salz, Pfeffer	würzen. Alle Zutaten miteinander vermischen, die Gnocchi hinzugeben und anrichten. Mit
10 Blätter Basilikum	bestreuen.

25

Noch alle Latten am Zaun?

Der Strauß und seine Damen

Spaghetti-Salat (für 20 Personen)

1 kg Spaghetti	gabelgerecht brechen, kochen und abkühlen lassen.
500 g Lauchzwiebeln	in kleine Ringe schneiden.
1 kg Tomaten	entkernen und würfeln.
500 g Zucchini	und
1 gelbe Paprikaschote	in Würfel schneiden.
Je 1 Bund Petersilie, Basilikum	fein hacken.
Knoblauch (nach Geschmack)	klein schneiden und alles in einer Schüssel gut vermischen. Aus
4 g Pfeffer, 30 g Salz	und
50 g Honig, 80 g Senf	
3 EL Majonäse	
150 g Zucker	
150 ml Essig, 200 ml Öl	sowie
250 ml Wasser	ein Dressing anrühren und über den Salat geben. Gut durchziehen lassen.

Nähwerkstatt der Hornburger LandFrauen

Jubiläumsfeier »50 Jahre LandFrauen Hornburg«

In diesem Büchlein

In diesem Büchlein, meine Lieben,
findet Ihr säuberlich geschrieben,
was eine Hausfrau wohlerfahren,
gesammelt hat in vielen Jahren.
Rezepte für manches gute Brätlein,
für Suppe, Gemüse und manch Salätlein,
für Fische und Klöße, für Obst und Kuchen,
die möget Ihr nun getrost versuchen,
zu Euren und Eurer Kinder Frommen,
Hoff, es soll allen wohl bekommen.

Guten Appetit!

(Alwine Tiemann aus Watzum hat dieses Gedicht im Jahre 1896 in ihr Kochbuch geschrieben.)

Weißkohlsalat

1 Kopf Weißkohl	sowie
je 1 rote, grüne Paprikaschote	
1 – 3 Zwiebeln	in eine Schüssel raspeln.
130 g Zucker	untermischen.
1 EL Senf	mit
125 ml Essig	
1 EL Salz	
1 EL Zucker	sowie
90 ml Öl	aufkochen und über den Weißkohl gießen. Vor dem Servieren durchziehen lassen.

Historisches Fachwerk in Hornburg

Thunfischsalat (8 bis 10 Personen)

720 g Thunfisch (aus der Dose)   mit

280 g Erbsen (aus der Dose)   und

560 g Champignons
(aus der Dose)

330 g Tomatenpaprika
(aus dem Glas)

3 hart gekochte Eier (gewürfelt)

200 g Salatmajonäse   sowie

1 – 2 EL Ketchup   vermengen und bei Bedarf mit

Salz, Pfeffer   abschmecken.

> Alle Dosenzutaten ohne Sud
> verwenden und bestenfalls
> am Vortag zubereiten.
> Reichen Sie dazu ein frisches
> Baguette.

Krautsalat (für 10 bis 12 Personen)

1 kg Weißkohl   sowie

3 Zwiebeln   hobeln und mit

1½ EL Salz

180 ml Essig

125 ml Öl

125 g Zucker   und

750 ml Mineralwasser   mischen.

> Am besten am
> Vortag vorbereiten,
> damit der Salat gut
> durchzieht.

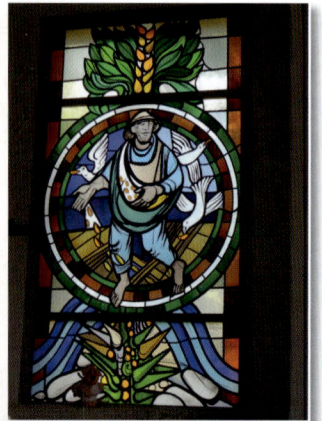

Kirchenfenster der Volzumer Kirche

Tortellini-Salat

250 g Möhren	putzen, klein schneiden und mit
200 g Tortellini	in
1 l Gemüsebrühe (Instant)	garen, abtropfen und abkühlen lassen, in eine Schüssel geben.
4 Gewürzgurken	und
1 Zucchini	
1 rote Zwiebel	sowie
200 g Kochschinken	klein schneiden und in die Salatschüssel geben.
2 EL Senf, 4 EL Apfelessig	mit
½ TL Zucker	und
Salz, Pfeffer	
2 EL Salatkräuter	sowie
6 EL Rapsöl	zu einem Dressing verrühren. Mit den Salat-Zutaten vermischen und durchziehen lassen.

Kirche Volzum

29

Winterrohkost mit Rote Bete

1 Knolle Rote Bete	sowie
1 kleine Sellerieknolle	
3 Möhren	
2 Äpfel	
1 Stange Porree	schälen und raspeln.
3 kleine Zwiebeln	in Würfel schneiden und alle Zutaten vermischen. Den Saft von
1 Zitrone	mit
4 EL Öl	und
3 EL Quark	
1 TL Senf	
1 Prise Zucker	
Salz, Pfeffer	sowie
125 ml Buttermilch oder Joghurt	vermischen und unterrühren.

Anflug

So gelingt doch jedes Rezept

Man nehme 12 Monate, putze sie sauber von Neid, Bitterkeit, Geiz, Pedanterie und zerlege sie in 30 oder 31 Teile, so dass der Vorrat für ein ganzes Jahr reicht.
Jeder Tag wird einzeln angerichtet aus 1 TL Arbeit und 2 Teilen Frohsinn und Humor.
Man füge 3 EL Optimismus hinzu, 1 TL Toleranz, 1 Körnchen Ironie und 1 Prise Takt.
Dann wird die Masse mit viel Liebe überzogen. Das fertige Gericht schmücke man mit Sträußchen kleiner Aufmerksamkeiten und serviere es täglich mit Heiterkeit.

Aphorismen Archiv, Catharina Elisabeth Goethe (1731 bis 1808)

Frisée-Salat mit Speck und Nüssen

100 g Rippenspeck	würfeln, in einer Pfanne kross ausbraten und abtropfen lassen.
1 großer Kopf Frisée-Salat	putzen, waschen, trocknen und in Stücke rupfen. Aus
2 EL Kräuteressig	
3 EL Walnussöl	
1 TL Senf	ein Dressing rühren, mit
Salz, Pfeffer, Zucker	würzen und über den Salat gießen.
100 g Walnüsse	hacken und zusammen mit dem lauwarmen Speck über den Salat streuen.

Abendstimmung

Bananen-Curry-Suppe

1 Zwiebel	sowie
1 Knoblauchzehe	würfeln und in
30 g Butter	anschwitzen.
1 TL Curry	dazugeben.
1 Banane	in Scheiben schneiden und kurz mitdünsten.
40 g Mehl	darüberstreuen, gut verrühren und mit
1 l Hühnerbrühe	ablöschen. Gut durchkochen lassen.
1 Banane	in Scheiben schneiden, hinzufügen. Mit
8 EL Sahne	verfeinern und mit
Salz	abschmecken. Zur Dekoration vor dem Servieren mit
1 – 2 EL Pistazien (gehackt)	bestreuen.

Lange Herzogstraße

Lessingtheater

Kürbis-Suppe

750 g Kürbisfleisch	in Würfel schneiden.
3 Stangen Porree	in feine Ringe schneiden. Beides in
3 EL Olivenöl	andünsten, mit
1 l Gemüsebrühe	ablöschen und zugedeckt 15 Minuten bei geringer Hitze kochen lassen. Mit
Kräutersalz, Pfeffer, Curry	würzen und pürieren.
1 TL frischer Ingwer	schälen, fein würfeln und zur Suppe geben. Mit
200 ml Sahne	auffüllen und vor dem Servieren mit
Petersilie (gehackt)	bestreuen.
100 g Kürbiskerne	grob hacken, in
1 EL Butterschmalz	anrösten und zur Suppe servieren.

Kürbis-Eintopf

33

1 Zwiebel	und
1 Knoblauchzehe	würfeln, dann in einem Topf mit
2 EL Butter	anschwitzen.
400 g Kürbisfleisch	würfeln.
150 g Kartoffeln	in Scheiben schneiden.
1 Stange Porree	in Ringe schneiden.
150 g Tomaten	vierteln. Alle Zutaten in den Topf geben.
500 ml Gemüsebrühe	angießen und 15 Minuten köcheln lassen. Etwa ein Drittel der Suppe abschöpfen und mit einem Pürierstab pürieren. Dann wieder zurück in den Topf geben. Nochmals erhitzen und mit
Salz, Pfeffer	abschmecken. Vor dem Servieren
1 EL gemischte Kräuter	hinzufügen.

Wir gehören zusammen.

Erbsensuppe

500 g grüne Erbsen	über Nacht in
1 l Wasser	einweichen. Anschließend die Erbsen im Einweichwasser mit
600 g durchwachsener Speck	und
1 l Brühe (Instant)	zum Kochen bringen. Zugedeckt 1 Stunde garen. Inzwischen
1 Bund Suppengrün	sowie
500 g Kartoffeln	schälen, waschen, würfeln und dazugeben. Weitere 30 Minuten garen. Den Speck aus der Suppe nehmen, die Schwarte abschneiden und den Speck würfeln. Die Suppe mit
Salz, Pfeffer	abschmecken.
1 Bund glatte Petersilie	und
1 – 2 TL Majoran	waschen, zupfen, gut trocknen, sehr klein hacken und in die Suppe geben.
6 Würstchen (à 100 g)	in Scheiben schneiden und mit den Speckwürfeln in der Suppe erwärmen.

Erbsen im Bauerngarten

Harzer Brockensuppe

1 kg Mett	anbraten.
3 Zwiebeln	würfeln, zugeben und dünsten. Mit
1,5 l Brühe	ablöschen.
3 Stangen Porree	sowie
800 g Champignons	
800 g Tomaten	klein schneiden. Alle Zutaten in einen Topf geben und etwa 10 Minuten kochen lassen. Mit
Salz, Pfeffer	abschmecken und mit
300 g Kräuter-Schmelzkäse	
200 ml Sahne	verfeinern.

Blaue Kartoffelsuppe

1 kg blaue Kartoffeln	in Salzwasser gar kochen, abgießen, pellen und stampfen.
600 ml Milch	sowie
2 EL Butter	
100 g Kräuterfrischkäse	unterrühren.
2 Zwiebeln	sowie
150 g Rippenspeck	würfeln, zusammen in
2 EL Butter	kross braten und ebenfalls zur Suppe geben. Zum Schluss mit
Salz, Pfeffer, Muskat	abschmecken. Mit
Petersilie (gehackt)	bestreut servieren.

Kapelle derer von Löbbecke

Gemüsesuppe mit Klump

600 g Rindfleisch ohne Knochen	in
2 l Salzwasser	gar kochen. Rindfleisch aus der Brühe nehmen, abkühlen lassen und in kleine Würfel schneiden.
250 g Blumenkohl	sowie
250 g Erbsen	
250 g Kohlrabi	
250 g Möhren	putzen und je nach Garzeit zur Brühe hinzufügen. Für den Klump
250 ml Milch	mit
1 Prise Salz	
25 g Butter	aufkochen.
150 g Mehl	einrühren.
1 Ei	in die heiße Masse geben.
3 Eier	in die abgekühlte Masse schlagen.
2 l Wasser	zum Kochen bringen.
1 EL Salz	hinzufügen. Vom Teig Klöße abstechen, im Wasser 8 Minuten gar ziehen, nicht kochen und zusammen mit dem Rindfleisch in die Suppe geben.
Petersilie	hacken und über die Suppe streuen.

Piratenspielplatz am gefrorenen Salzgittersee

Der Salzgittersee – von der Kieskuhle zum Naherholungsgebiet

Von Simone Hagemann und Andrea Kempe

Der Salzgittersee, gelegen im westlichen Stadtgebiet Lebenstedts, ist ein künstlich angelegtes Naherholungsgebiet mit touristischem Flair. Mit einer Wasserfläche von 75 000 Quadratmetern ist der Salzgittersee das Wassersportzentrum Südost-Niedersachsens, ein Paradies für Surfer, Segler, Kanuten, Ruderer, Taucher und Angler. Selbstverständlich kann man im Salzgittersee auch baden.

Sogar die Europäische Union hat in ihrem Badegewässeratlas die Wasserqualität mit »ausgezeichnet« bewertet. Ein zwei Kilometer langer Sandstrand, großzügige Liegewiesen, der Piratenspielplatz am Ostufer sowie die Wasserski-Seilbahn am Westufer bieten viele attraktive Freizeitmöglichkeiten für die ganze Familie.

Wer es etwas ruhiger mag findet Entspannung beim Spaziergang auf der Insel mit Blick auf Kunst im öffentlichen Gelände. Die Insel ist auch Veranstaltungsort von Open-Air-Konzerten, dem ffn-Kindertag und Discgolf-Turnieren. Das 15 Kilometer lang ausgebaute Wegenetz rund um den Salzgittersee bietet Möglichkeiten für Spaziergänger, Jogger sowie Inline- und Radfahrer. Sie können die vorhandenen Einkehrmöglichkeiten nutzen oder bei einem Picknick die Natur genießen. In direkter Seenähe befinden sich ein beheiztes Hallen- und Freibad sowie eine Eissporthalle. Im Jahr 2013 feierte der Salzgittersee seinen 50. Geburtstag.

37

Salzgittersee

Partysuppe
aus dem Backofen (für 10 bis 12 Personen)

1 kg Schnitzelfleisch	sowie
500 g Rindergulasch	in 1cm große Würfel schneiden und in einen großen Topf geben.
6 mittelgroße Zwiebeln	in Würfel schneiden und dazugeben.
1 kg Champignons (aus dem Glas)	sowie
330 g Tomatenpaprika (aus dem Glas)	mit Flüssigkeit hinzufügen.
600 g TK-Erbsen	und
375 g Ananasstücke (aus der Dose)	
320 ml Chilisoße	
800 ml pürierte Tomaten (aus der Dose)	
700 ml Curryketchup	
600 ml Sahne	sowie
1 l Rindfleischbrühe	hinzufügen. Den Topf auf die unterste Schiene in den Backofen schieben und bei 180 °C (Umluft) etwa 2 Stunden garen. Zum Schluss umrühren und nochmals abschmecken.

City Carree Salzgitter-Lebenstedt

Monument zur Stadtgeschichte Salzgitter

Rosenkohl-Cremesuppe

500 g Rosenkohl	etwa 10 Minuten in
250 ml Salzwasser	garen, 10 Stück entnehmen und den Rest pürieren.
500 ml Gemüsebrühe	hinzufügen und zum Kochen bringen.
1 TL Speisestärke	mit
1 EL Wasser	
1 Eigelb	sowie
2 EL Crème fraîche	glattrühren und die Suppe damit binden. Mit
1 EL Butter	
Salz, Pfeffer, Zucker	und
Cayennepfeffer	abschmecken. Die restlichen Rosenkohlröschen vierteln und zusammen mit
Petersilie (gehackt)	vor dem Servieren zur Suppe geben.

39

Blick auf Salzgitter-Fredenberg

»Hanging basket« in Salzgitter-Lebenstedt

Steckrüben-Eintopf

100 g Rippenspeck	würfeln und in einem Topf glasig braten.
2 Zwiebeln	ebenfalls würfeln, hinzufügen und kurz mitdünsten.
400 g Schweinenacken oder -bauch	in kleine Würfel schneiden und in den Topf geben.
1 l Wasser	dazugießen und etwa 40 Minuten vorgaren. Inzwischen
1 kg Steckrüben	und
8 – 10 Kartoffeln	schälen, in Würfel schneiden und in den Topf geben. Mit
Salz, Pfeffer	würzen, weitere 40 Minuten garen. Dann mit einem Kartoffelstampfer etwas zerkleinern. Der Eintopf soll leicht musig, aber die einzelnen Bestandteile noch zu erkennen sein. Vor dem Servieren mit
6 – 8 EL Sahne	verfeinern und mit
Petersilie (gehackt)	bestreuen.

40

Rathaus Salzgitter-Lebenstedt,
auch blauer Bock genannt

LandFrauenpräsentation im Rathaus
Salzgitter-Lebenstedt

Tomatensuppe mit Krabben

300 g Tomaten	mit kochendem Wasser überbrühen, häuten, vierteln und pürieren.
2 Zwiebeln	und
1 Knoblauchzehe	fein würfeln. Beides in
20 g Butter	andünsten. Das Tomatenpüree und
500 ml Gemüsebrühe	hinzufügen. 10 Minuten sanft köcheln lassen, mit
Salz, Pfeffer, Zucker	abschmecken und
125 g Krabben	hinzufügen. Nun nicht mehr kochen lassen.

Rote-Bete-Meerrettichsuppe

1 Zwiebel	und
1 Knoblauchzehe	abziehen, fein hacken und in
1 EL Butter	dünsten.
500 g Rote Bete	sowie
200 g Kartoffeln	schälen, waschen, in kleine Stücke schneiden, dazugeben und ebenfalls andünsten. Mit
750 ml Gemüsebrühe	ablöschen, 40 Minuten köcheln lassen.
100 g Schmand	in die Suppe geben und anschließend pürieren. Die Suppe mit
1 EL Rotwein-Essig	
1 TL gemahlener Kümmel	
Salz, Pfeffer	und
Zucker (nach Geschmack)	abschmecken.
100 g Schmand	mit
1 EL geriebener Meerrettich	und
1 Prise Salz	verrühren. Die Suppe in die Teller füllen und den Meerrettichschmand als Tupfen auf die Suppe geben.

Rote-Bete-Meerrettichsuppe: Guten Appetit!

Die Asse und ihre interessante Umgebung

Von Norbert Koch

Die Asse ist ein Naherholungsgebiet im Landkreis Wolfenbüttel und als Landschaftsschutz-gebiet ausgewiesen. Als Wahrzeichen der Asse kann der Bismarckturm gelten, der weithin sichtbar ist. Er wurde 1901 zu Ehren des früheren Reichskanzlers Bismarck errichtet.

Das Umfeld der Asse hat als altes Kulturland viel zu bieten. Die ersten Bauern und Vieh-züchter besiedelten die fruchtbaren Lößböden an der Asse um 5500 v.Chr. Siedlungen der ältesten Bandkeramiker sind nachgewiesen in Klein Denkte, Remlingen und Eitzum.

Aufsehen erregte 1975 die Entdeckung eines Gräberfeldes aus der Zeit um 4000 v.Chr. in Wittmar. Die 61 Toten waren zum Teil mit Werkzeugen, Schmuck, Gefäßen und Tier-fleischbeigaben bestattet. Auch das 1998 in Remlingen entdeckte Mauerkammergrab aus

Liebesallee – Asse bei Wittmar

42

der Zeit um 3000 v.Chr. enthielt Gefäße und Teile von Rindern als Grabbeigaben. Oberhalb von Groß Denkte und bei Klein Vahlberg sind die Grabhügel der Bronzezeit aus der Zeit um 1500 v.Chr. noch gut erhalten.

Westlich des Bismarckturms, etwas versteckt im Buchenwald, liegen die Ruinen der Asseburg. Sie wurde von Gunzelin von Wolfenbüttel und Harold von Biewende um 1220 erbaut, war eine der größten und sichersten Burgen in Norddeutschland und wurde nie erobert. Im Besitz

Blick auf den Bismarckturm in der Asse

der Stadt Braunschweig wurde sie 1492 von den eigenen Burgmannen niedergebrannt. Die Ruinen wurden Jahrhunderte als Steinbruch genutzt. Heute bemüht sich der Heimat- und Verkehrsverein Asse, die Ruinen der Nachwelt zu erhalten.

Die Asse mit den Trockenrasenflächen ist bei Botanikern sehr bekannt, denn hier kommen Pflanzen aus dem Mittelmeerraum in ihrer nördlichsten Verbreitung vor. Der Lehrer Walter Randig hat 50 Jahre die Pflanzen der Asse kartiert und 751 Sippen festgestellt. Durch die Veränderung der Kulturlandschaft sind 115 Sippen gefährdet und 23 verschollen oder ausgestorben. Der Gärtnermeister Royer, seit 1607 im Dienst des Herzogs Heinrich Julius von Wolfenbüttel (Erbauer des Lustgartens in Hessen), hat schon 1648 die Pflanzen der Asse beschrieben und somit den Grundstein für über 400 Jahre Pflanzenforschung in der Asse gelegt.

Gärtnermeister Royer hat 1648 ein Kochbuch herausgegeben. In dessen Capitul 1 heißt es: »Wie man unterschiedliche vornehme Garten-Gewächse in der Küche vielfältig nutzen und zubereiten soll.« Der Förderverein Schloss Hessen bietet Kurse an, in denen die Gerichte nachgekocht werden.

Quellen:

U. Dirks/N. Koch, Fundchronik Niedersachsen 2000, Kat. Nr. 72;

H. Rötting, Der älteste Totenplatz in Niedersachsen, Ausgrabungen 1979 -1984;

Dirks/S. Grefen-Peters, Fundchronik Niedersachsen 1998, Kat. Nr. 151;

W. Randig, Braunschweiger Naturkundliche Schriften, Okt. 2008;

Beiträge zur Geschichte der Gemeinde Hessen am Fallstein, Band 7/2010

Mitternachtssuppe

250 g Hackfleisch	in
1 EL Öl	anbraten und aus der Pfanne nehmen.
125 g Cabanossi	in dünne Scheiben schneiden.
1 Gemüsezwiebel	und
2 Knoblauchzehen	schälen und in Würfel schneiden.
2 Paprikaschoten	putzen, vierteln, in Streifen schneiden und alles zusammen anbraten.
3 EL Tomatenmark	sowie
400 g rote Bohnen (aus der Dose)	und das Hackfleisch hinzugeben. Mit
250 ml Rotwein	und
250 ml Brühe	auffüllen und 15 Minuten bei geringer Hitze kochen lassen. Mit
Salz, Pfeffer, 1 Prise Zucker Chilipulver	würzen.

Stadtgraben Wolfenbüttel

Steckrübensuppe »Heißer Heinrich«

1 Chilischote	putzen, fein hacken und mit
1 EL Zitronensaft	sowie
1 EL Zucker	in
50 ml Rotwein	aufkochen.
100 g Backpflaumen	in feine Streifen schneiden, zum Sud geben und nochmals aufkochen. Etwa 1 Stunde ziehen lassen, dabei gelegentlich umrühren. Inzwischen
500 g Steckrüben	
1 kleine Kartoffel	und
1 Zwiebel	fein würfeln und in
2 EL Butter	andünsten. Mit
1 l Gemüsebrühe	ablöschen und das Ganze im geschlossenen Topf 20 Minuten weich kochen. Anschließend pürieren und mit
150 g Schmand	verfeinern. Mit
Salz, Pfeffer	abschmecken. Die Suppe in Teller füllen und mit einem Klecks Rotweinpflaumen garnieren.

45

Zucchinisuppe

500 g Zucchini	und
1 Zwiebel	würfeln und in
15 g Margarine	glasig andünsten und mit
375 ml Gemüsebrühe	ablöschen. 10 Minuten garen, dann pürieren.
100 ml Sahne	dazugeben und mit
Salz, Pfeffer, 1 TL Kerbel	abschmecken.
100 ml Sahne	steif schlagen, mit
1 TL Curry	würzen und vor dem Servieren auf der Suppe verteilen.

Entenhaus am Stadtgraben in Wolfenbüttel

Würziges Winzerfleisch

1,5 kg gemischtes Gulasch	portionsweise in
4 – 6 EL Öl	kräftig anbraten.
3 – 4 Zwiebeln	pellen, in Ringe schneiden und kurz mitbraten. Mit
Salz, Pfeffer	würzen.
1 – 2 EL Tomatenmark	und
2 – 3 EL Mehl	einrühren, anschwitzen, mit
750 ml Weißwein	sowie
750 ml Wasser	ablöschen und aufkochen lassen.
3 mittelgroße Möhren	putzen, in Scheiben schneiden.
500 g Porree	putzen, in Ringe schneiden.
500 g Staudensellerie	schälen, in grobe Würfel schneiden. Das Gemüse zum Gulasch geben.
3 EL gekörnte Brühe	unterrühren. Alles zugedeckt 75 Minuten schmoren lassen.

Klein Venedig in Wolfenbüttel

Hessischer Fleischtopf

500 g Rindfleisch	sowie
500 g Schweinefleisch	würfeln.
500 g Cabanossi	in Scheiben schneiden.
500 g Mett	in mundgerechte Bällchen formen.
500 g Zwiebeln	in Scheiben schneiden.
230 g extra kleine Champingnons (aus der Dose)	abgießen. Alle Zutaten in einen Bräter schichten.
400 ml Sahne	mit
250 ml Steaksoße	und
2 Pck. Bratensoße	verrühren. Die Soße über die Zutaten geben und bei 200 °C etwa 2 Stunden im Backofen garen.

Weißwurst-Ragout

6 Weißwürste	häuten und in Scheiben schneiden. In
2 EL Öl	goldbraun braten, dann aus der Pfanne nehmen.
250 g Champignons	in Scheiben schneiden und zusammen mit
1 Zwiebel (gewürfelt)	im Fett anbraten. Mit
150 ml Brühe	ablöschen und auf die Hälfte reduzieren lassen.
200 ml Sahne	sowie
1 EL süßer Senf	unterrühren. Mit
Pfeffer	abschmecken und vor dem Servieren mit
Schnittlauchröllchen	bestreuen.

Dazu passen Laugenbrezeln.

Liebesschlösser als Hochzeitsbrauch

Grenzöffnung im November 1989 zwischen Mattierzoll und Hessen am Fallstein

Von Dorothee Steinmann

Mattierzoll, ein kleiner Ort der Gemeinde Winnigstedt im Landkreis Wolfenbüttel, erlebte denkwürdige Tage zur Wiedervereinigung. Mattierzoll liegt an der B 79 zwischen Halberstadt und Wolfenbüttel unmittelbar an der heutigen Landesgrenze zwischen Niedersachsen und Sachsen-Anhalt.

Am Abend des 11. November 1989 hieß es, die Grenze bei Mattierzoll wird noch nicht geöffnet. Aber die Ereignisse überschlugen sich. Am Sonntagmorgen kurz vor 8 Uhr passierte der erste

Mattierzoll

Trabbi die Grenze. Als ich davon erfuhr, war es bereits nach 9 Uhr. Schnell packte ich Fotoapparat und mehrere Filme ein und fuhr los. Ich ahnte nicht, was auf mich zukam. Im Radio hörte ich von der Autoschlange auf der B 79. Also nahm ich den Feldweg im Großen Bruch. Wo früher gähnende Leere war, beherrschten die DDR-Zweitakter an diesem Tag die B 79. Die Autos fuhren Stoßstange an Stoßstange in beide Richtungen. Links und rechts daneben schoben sich Menschenmassen sowohl nach Westen wie auch nach Osten.

Ich erinnere mich noch genau. Blauer Dunst umhüllte mich. Die Sonne schien, aber es war sehr kalt. Die Kälte spürte ich nicht und drückte immer wieder auf den Auslöser meines Fotoapparates. Der erste Metallzaun war überwunden. Dann ein weiterer Zaun, der mit Alarm-

Grenzöffnung

anlage und Drähten unter Starkstrom versehen war. Jetzt sah ich auch die Kfz-Sperrhöcker. Der Verkehr wurde immer dichter. Niemand regte sich auf, wenn gehupt wurde. Dies tat man ja aus grenzenloser Freude. Ein Drehorgelspieler war unterwegs und einige wagten ein Tänzchen mitten auf der Straße.

Etwas mulmig war mir zumute, als bei Hessendamm zwei Volkspolizisten auf der Straße standen. Ich hatte ja in der Eile gar nicht an meinen Personalausweis gedacht. Wie ich aber dann hörte, mussten nur die ersten Besucher ihre Papiere anfangs noch vorzeigen.

In Hessendamm kam die Frage auf, wie geht es weiter? Rechts Richtung Veltheim oder geradeaus nach Hessen. Ich ließ mich im Strom der Menschenmasse einfach mitziehen und landete in Hessen. Dort sah ich aus den Fenstern die vielen ungläubigen Gesichter, die fassungslos auf die Straße blickten. Hessen war ja Sperrgebiet, die Bewohner durften nur mit einem Passierschein den Ort verlassen. Die Autoschlange Richtung Westen wollte nicht enden. Treffpunkt war schließlich die Weinschänke in Hessen, die älteste Gaststätte Sachsen-Anhalts aus dem Jahre 1395. Es herrschte Volksfeststimmung. Die Menschen strömten zueinander, ungläubig, fassungslos. Völlig Fremde lagen sich in den Armen und weinten oder reichten sich stumm die Hände. Als Erinnerung kaufte ich mir dort eine Flasche Sekt, die ich bis heute noch aufbewahre.

Diesen Tag werde ich nie vergessen. Es war ein unglaubliches Gefühl. Über Nacht war plötzlich alles anders, was bisher als unumstößlich galt. Wenn ich heute daran zurückdenke, fühle ich immer noch Freude in mir. Freude, weil ich dabei sein durfte. Aber auch ein bisschen Wehmut, weil ich wohl solch einen Tag voll Euphorie wahrscheinlich nicht mehr erleben werde.

49

Trabbi an der Grenze

Hähnchenfilet mit Ahornsirup

800 g Hähnchenfilet	in einer Marinade aus
6 EL Ahornsirup	sowie
3 EL Limettensaft	
5 EL Öl	
2 EL Sojasoße	
1 EL Dijonsenf	
2 Knoblauchzehen (zerdrückt)	und
Pfeffer	mindestens 1 Stunde marinieren. In eine gefettete Auflaufform legen und bei 200 °C etwa 30 Minuten im vorgeheizten Ofen backen.
250 g Crème fraîche	mit
Salz, Pfeffer	verrühren und zum Fleisch reichen.

Blick über Salzgitter

Bohnen-Hackauflauf mit Käsehaube

500 g Kartoffeln	waschen, 20 Minuten kochen, dann abschrecken.
750 g grüne Bohnen	putzen, evtl. halbieren und in kochendem Salzwasser 15 Minuten garen, abtropfen lassen.
1 mittelgroße Zwiebel	sowie
1 Knoblauchzehe	schälen und fein würfeln.
500 g gemischtes Hackfleisch	in
2 EL Öl	5 Minuten krümelig braten, Zwiebel und Knoblauch hinzugeben und kurz mitdünsten. Mit
Salz, Pfeffer	würzen. Die Kartoffeln schälen und in dicke Scheiben schneiden.
2 mittelgroße Tomaten	waschen und grob zerkleinern. Das Hackfleisch in eine große gefettete Auflaufform füllen. Kartoffeln, Bohnen und Tomaten mischen und darauf verteilen.
200 g Feta	zerbröckeln, mit
100 ml Sahne	verrühren und mit
Salz, Pfeffer, Thymian	würzen. Die Käsemischung über den Auflauf verteilen. Im Backofen bei 175 °C (Umluft) etwa 15 bis 20 Minuten überbacken.

51

Hackbällchen in Pilzsahne

1 – 2 Kartoffeln	waschen, 20 Minuten kochen, dann pellen, zerdrücken und abkühlen lassen.
2 mittelgroße Zwiebeln	würfeln.
1 Bund Petersilie	fein hacken. Alle Zutaten mit
1 Ei	und
3 EL Paniermehl	
5 EL Sahne	
500 g gemischtes Hackfleisch	sowie
Salz, Pfeffer	vermengen. Aus dem Fleischteig Bällchen formen und in
1 – 2 EL Öl	etwa 6 bis 8 Minuten goldbraun braten. Anschließend herausnehmen.
150 g Champignons	putzen und halbieren.
100 g Pfifferlinge (aus dem Glas)	abtropfen lassen und mit den Champignons im Bratfett anbraten.
250 ml Gemüsebrühe	einrühren.
200 ml Sahne	mit
1 EL Mehl	verrühren, die Pilzesoße damit binden. Mit Hackbällchen und
3 EL Preiselbeeren	anrichten.

52

Gutshaus Dorstadt

Brücke Gut Dorstadt

Hackfleisch-Pizza mit Paprika

3 Scheiben Toastbrot	in etwas Wasser einweichen, dann ausdrücken.
2 mittelgroße Zwiebeln	sowie
3 Knoblauchzehen	schälen und fein hacken.
1 Bund Petersilie	sowie
1 Bund Basilikum	waschen und hacken. Alle Zutaten mit
1,5 kg Hackfleisch	sowie
2 Eier	verkneten und mit
Salz, Pfeffer, Paprika	würzen. Die Fettpfanne einfetten, den Fleischteig daraufgeben und andrücken. Im vorgeheizten Backofen bei 200 °C (Umluft) etwa 15 Minuten vorgaren. In der Zwischenzeit
1 Gemüsezwiebel (ca. 400 g)	schälen, in Ringe schneiden.
1 kg Paprikaschoten	putzen, waschen und würfeln.
400 g frische Champignons	putzen und halbieren. Das Gemüse und die Pilze in
3 EL Öl	dünsten. Mit
Salz, Pfeffer	würzen.
250 ml Zigeunersoße	mit
100 g Tomatenketchup	
150 g Crème fraîche	und
3 EL Öl	verrühren. Die Hack-Pizza aus dem Ofen nehmen.
2 Fleischtomaten (ca. 500 g)	waschen und in Scheiben schneiden. Auf den Hackteig legen und mit der Soße begießen. Mit
175 g geriebener Gouda	bestreuen und 1 Stunde weiterbacken.

53

> Wenn der Käse zu dunkel wird, mit Alufolie bedecken.

Okerarm bei Dorstadt

Reiterfleisch

500 g Hackfleisch vom Rind	mit
1 Ei	und
1 Zwiebel (klein gewürfelt)	
2 eingelegte Gurken (klein gewürfelt)	
1 – 2 Äpfel (klein gewürfelt)	
1 – 2 TL Meerrettich	
Salz, Paprika, Pfeffer, Curry	
1 – 2 EL Tomatenpüree	sowie
250 g saure Sahne	vermengen und anschließend als krümelige Fleischmasse in
1 EL Margarine	bräunen.

Reichen Sie dazu Kartoffeln oder Bandnudeln und grüne Bohnen.

54

Gärtnerpaar in Wolfenbüttel

Eiscafé in Wolfenbüttel

Wirsing-Hack-Lasagne

1 kg Wirsing	putzen, Blätter ablösen, waschen, Blattrippen flach schneiden und in kochendem Salzwasser etwa 3 bis 5 Minuten blanchieren. Abtropfen lassen.
1 Brötchen (vom Vortag)	einweichen, gut ausdrücken.
1 mittelgroße Zwiebel	sowie
1 Knoblauchzehe	schälen und fein würfeln. Brötchen, Zwiebel und Knoblauch mit
1 TL getrockneter Thymian	
500 g Hackfleisch	sowie
1 Ei	verkneten und mit
Salz, Pfeffer	würzen. Eine Auflaufform mit
200 g Frühstücksspeck in Scheiben	(bis auf 6 Scheiben) auslegen. Darauf eine Schicht Wirsing legen, diese mit
Salz, Pfeffer	würzen. Nun abwechselnd Hackteig und Wirsing einschichten und jede Schicht würzen. Den Abschluss bildet eine Schicht Kohl, die mit 6 Scheiben Speck belegt wird. Die Form mit Alufolie abdecken und bei 150 °C (Umluft) etwa 1½ Stunden schmoren. Nach 1 Stunde
150 ml Sahne	darübergießen und offen fertig garen.

55

Blick über die Stadt Wolfenbüttel

Rathaus Wolfenbüttel

Der Spaß mit dem Schwänzchen

Von Heinrich Hagemann

Bei uns wohnte im Winter 1946 Junglehrerin Waltraut Ehlers. Gerade an unserem Schlachtetag in jenem Winter hatte sie den neuen Engelnstedter Vikar Adolf Tegtmeier zu sich eingeladen. Er kam vornehm gekleidet, mit Hut und schwarzem Mantel und legte seine Sachen auf unserer Flurgarderobe ab.

Der Schlachtetag begann bereits früh am Morgen. Nach dem Mittag wurde das Schwein zum Zerteilen in die Waschküche geholt. Als erstes schnitt der Schlachter dem Schwein den Schwanz ab. Wir Kinder warteten schon gespannt auf diesen Moment, denn wir versuchten sofort, den Schwanz mit einer Sicherheitsnadel einer Person in unserer Nähe von hinten an die Jacke oder die Schürze zu hängen. War das gelungen, freuten wir uns spitzbübisch.

Und so kamen wir auf die Idee, Herrn Vikar Tegtmeier den Schweineschwanz an seinen schwarzen Mantel zu heften. Wir konnten es gar nicht abwarten, dass Herr Vikar endlich nach Hause ging. Doch schließlich sahen wir ihn mit dem baumelnden Schwänzchen am Mantel vom Hof gehen, ein riesiger Spaß für uns alle. Ob ihn auf dem Nachhauseweg jemand mit dem Schwanz gesehen hat, habe ich nie erfahren.

56

Transport des Getreidebinders zum Feld

Getreidebinder im Einsatz

Gefülltes Roastbeef (für 1 Person)

2 – 3 getrocknete Tomaten	kurz in heißem Wasser einweichen.
1 dünne Scheibe Roastbeef (ca. 150 g)	flach klopfen. Mit
Salz, Pfeffer	leicht würzen und mit
½ TL Bärlauchpesto (Rezept S. 93)	bestreichen. Auf eine Hälfte die getrockneten Tomaten und
1 – 2 Salbeiblätter	legen. Die andere Seite überklappen und mit Holzspießen feststecken.
2 dünne Scheiben Rippenspeck	außen um das Roastbeef wickeln und auf beiden Seiten etwa 3 bis 4 Minuten braten.

Reichen Sie dazu Bratkartoffeln.

57

Hornburger Hopfenbraten

1,5 kg Rinderbraten	mit
Salz, Pfeffer	einreiben.
50 g Speck	in einem Bräter auslassen und das Fleisch darin anbraten. Mit
660 ml Malzbier	ablöschen.
3 – 4 Zwiebeln	klein schneiden und mit
180 g Silberzwiebeln (aus dem Glas)	zum Fleisch geben. Im geschlossenen Bräter 2½ bis 3 Stunden schmoren. Das Fleisch herausnehmen und aufschneiden. Die Bratenflüssigkeit durch ein Sieb geben mit etwas
Mehl (angerührt)	binden. Die Soße nach Belieben abschmecken.

Frühbarocker Hopfenspeicher in Hornburg von 1672

Rindfleisch mit Meerrettichsoße

1,5 kg Suppenfleisch	in
2,5 l Wasser	mit
1 TL Salz	etwa 2 Stunden köcheln.
1 Bund Suppengrün	würfeln, zufügen und mit dem Fleisch garen. Für die Meerrettichsoße
750 ml Brühe	und
50 g Rosinen	aufkochen.
10 geriebene Zwiebäcke	in die Brühe geben, aufkochen, so dass die Soße sämig wird.
100 g frisch geriebener Meerrettich (ersatzweise auch aus dem Glas)	und
100 g Butter	in die Soße geben. Nicht mehr kochen lassen. Falls die Soße zu dick ist, etwas Brühe auffüllen. Die Soße mit
Salz, Pfeffer, gekörnte Brühe	abschmecken. Das Suppenfleisch aus der Brühe nehmen und in Scheiben schneiden. Die Soße separat dazureichen.

Servieren Sie dazu Salzkartoffeln und Bohnen. Die restliche Brühe durch ein Sieb gießen und für die nächste Suppe verwenden.

Kleiner Zimmerhof in Wolfenbüttel

6-Stunden-Braten (für 6 Personen)

3 kg Schweinenacken ohne Knochen	mit
Salz, Pfeffer	würzen und mit
Senf (mittelscharf)	bestreichen. Dann mit
Kräuter der Provence	bestreuen. Eine Nacht im Kühlschrank marinieren. Am nächsten Tag bei 150 °C im vorgeheizten Ofen 6 Stunden ohne Deckel garen. Vor dem Anschneiden 10 Minuten ruhen lassen.

> Dazu frischen Salat und Grillsoße reichen.

Gyros »Spezial« mit Paprika

500 g Paprikaschoten	putzen, waschen und in grobe Würfel schneiden.
150 g kleine Champignons	putzen, halbieren und beides zusammen in
2 EL Öl	3 Minuten anbraten, dann herausnehmen.
600 – 700 g Geschnetzeltes »Gyros-Art«	im Bratfett portionsweise anbraten, das Gemüse wieder hinzufügen.
2 EL Tomatenmark	mit
2 EL Weinbrand	sowie
250 g Schmand	verrühren und zum Fleisch geben. Alles in eine Auflaufform füllen, mit
100 g geriebener Käse	bestreuen und im vorgeheizten Backofen bei 200 °C in 10 bis 15 Minuten goldgelb überbacken.

**Herzog Ernst August
auf dem Stadtmarkt in Wolfenbüttel**

Braten-Käse-Auflauf

800 g Aprikosen (aus der Dose)	in ein Sieb gießen, abtropfen lassen und in Spalten schneiden.
280 g Champignons (aus dem Glas)	ebenfalls in ein Sieb gießen und abtropfen lassen.
500 g Schweinebraten	in grobe Würfel schneiden.
125 ml Sahne	mit
250 ml Gemüsebrühe	aufkochen lassen.
125 g Camembert	grob würfeln und mit
100 g Sahne-Schmelzkäse	in der heißen Brühe schmelzen. Die Käsesoße mit etwas
Salz, Pfeffer	würzen. Champignons, Aprikosen und Fleisch mischen und in eine ofenfeste, flache Form geben. Die Käsesoße darübergießen. Den Auflauf im vorgeheizten Backofen bei 200 °C etwa 25 Minuten backen.

Sie können den Auflauf auch mit Kasseler, Hähnchenfleisch oder Putenbraten zubereiten. Dazu schmeckt ein frischer grüner Salat.

Die im Jahre 1993 gegründete Bürgerwehr Schöppenstedt

Wie die Schöppenstedter
einen schiefen Kirchturm bekamen

Schon lange hatten die Schöppenstedter mit Freuden bemerkt, dass an dem Kirchturm hoch oben das Gras mächtig zu wachsen begann, und da sie gute Wirte waren, beschlossen sie, es nicht umkommen zu lassen und es abzuweiden. Aber wessen Kühe sollten zuerst hinauf? Das war ein schwieriger Punkt, darum machte einer den Vorschlag, man möge den Stadtbullen hinaufziehen. Der solle sich an dem Gras recht gütlich tun. So würden die Kälber im nächsten Jahre noch mal so kräftig. So einen guten Vorschlag hatte noch keiner gemacht und augenblicklich legte man Hand ans Werk. Stricke wurden oben an der Spitze des Turmes befestigt und unten dem Bullen um den Hals gelegt und nun zog alles was Hände hatte, und wie der Blitz war der Bulle oben und streckte die Zunge weit aus dem Maule. Da riefen sie freudig: »Hei leckt schan! Hei leckt schan!« Aber er hatte auch zum letzten Male geleckt, denn er regte kein Glied mehr. Von dem gewaltigen Ziehen aber ist die Turmspitze ganz schief geworden, und wer's nicht glauben will, der gehe hin und sehe selber zu.

Schiefer Kirchturm der St. Stephanus Kirche Schöppenstedt – erbaut im 17. Jahrhundert

61

Quelle: Die Schöppenstedter Streiche von Sven Olbrich; Fassung: Adalbert Kuhn/W. Schwartz, Leipzig 1848

Kirchenglocken der St. Stephanus Kirche

Filetröschen mit Pilzrahm

1 kg mehlig kochende Kartoffeln	schälen, waschen, klein schneiden und 20 Minuten in Salzwasser abgedeckt kochen. Danach abgießen und heiß durch eine Kartoffelpresse drücken. Mit
3 Eigelb	und
5 EL Sahne	verrühren. Mit
Salz, Muskat	würzen, zur Seite stellen und warm halten.
500 g Champignons	putzen und in Scheiben schneiden.
1 Zwiebel	schälen und fein würfeln.
Petersilie	waschen und hacken.
600 g Schweinefilet	trockentupfen und in 8 bis 10 Medaillons schneiden. In
1 EL Butterschmalz	pro Seite etwa 2 Minuten anbraten. Mit
Salz, Pfeffer	würzen, herausnehmen und zur Seite stellen.
1 EL Butterschmalz	im Bratenfett erhitzen, Zwiebeln und Champignons darin anbraten und mit
Salz, Pfeffer	würzen.
1 EL Mehl	darüberstäuben, anschwitzen und
250 ml Brühe, 200 ml Sahne	angießen, 5 Minuten kochen lassen. Die Medaillons auf ein mit Backpapier belegtes Backblech legen. Je 1 Esslöffel mit Pilzrahm auf die Medaillons geben. Den Kartoffelteig in einen Spritzbeutel mit Sterntülle füllen und um jedes Medaillon einen Kranz spritzen und diesen ganz ausfüllen.
2 EL geriebener Parmesan	auf die Medaillons streuen. Im heißen Ofen bei 225 °C (Umluft: 200 °C) etwa 10 bis 12 Minuten backen. Den restlichen Pilzrahm erhitzen und dazu servieren.

Schweinefilet mit Kräuterfrischkäse

1,5 kg Schweinefilet	in 1,5 cm dicke Scheiben schneiden und zwischen Frischhaltefolie flach klopfen. In
Butterschmalz	anbraten und in eine gefettete Auflaufform legen. Mit
Salz, Pfeffer, Paprika	würzen.
2 Zwiebeln	würfeln und im verbliebenen Bratfett andünsten.
1 Knoblauchzehe	pressen und hinzufügen. Mit
200 ml Sahne	ablöschen. Mit
2 EL Kräuterfrischkäse	sowie
1½ EL Senf	
1½ EL Sojasoße	und
1 TL Kräuter der Provence	würzen und verfeinern. Dann über das Fleisch gießen und bei 180 °C (Umluft) etwa 20 bis 30 Minuten garen.

Dill-Geschnetzeltes

400 g Schweinefleisch	in Streifen schneiden und in
2 EL Öl	anbraten.
400 g Gewürzgurken	in Streifen schneiden, hinzufügen und kurz mitdünsten.
100 g Crème fraîche	mit
2 TL scharfer Senf	glattrühren, zum Fleisch geben und einrühren. Alles mit
Dill, Knoblauch	und
Salz, Pfeffer	abschmecken.

Blick auf Wolfenbüttel

Salzbraten

3 kg Schweinenacken ohne Knochen	mit
Senf	und
Kräuter nach Geschmack	einreiben. 2 Tage im Kühlschrank durchziehen lassen.
1 – 1,5 kg Salz	in einen Bräter streuen, den Schweinenacken darauflegen und 3 Stunden bei 175 °C im Backofen braten.

Schweinefilet mit Gorgonzola

500 g Schweinefilet	in 16 Scheiben schneiden.
50 g Walnüsse	grob hacken und mit
100 g Gorgonzola	verkneten. 8 Medaillons mit je 1 Teelöffel der Nuss-Käsecreme belegen und mit den übrigen 8 Medaillons bedecken. Mit je 1 von
8 Scheiben geräucherter Speck	einwickeln.
2 – 3 EL Öl	erhitzen, die Medaillons von jeder Seite 3 bis 4 Minuten braten, dann herausnehmen und in Alufolie einwickeln. Im Ofen warm halten. Für die Soße den Bratensatz mit
100 ml Rotwein	ablöschen.
200 ml Sahne	auffüllen und mit
Salz, Pfeffer	würzen. Die Soße separat zum Fleisch servieren.

Ausblicke

Die Sülzenpresse – Schlachtefest im Winter 1946

Von Heinrich Hagemann

Wir hatten seit einem halben Jahr einen jungen Mann, Sepp, aus der Tschechei auf unserem Hof beschäftigt. Für ihn war das Schlachten mit der Sülzenpresse etwas Neues.

Das Schwein hing schon ausgeschlachtet am Haken zum Auskühlen. Nach einem ausgiebigen Frühstück musste das Schlachtgeschirr geholt werden. Ein Pferd wurde vor den leichten Einspänner-Wagen gespannt und ab ging es zu dem Hof, wo gestern geschlachtet wurde, um in Holzkisten verpackt, den Fleischwolf, die Wurstmaschine, die Büchsenmaschine und die große Schaumkelle aus Messing abzuholen. Damit konnte man das gekochte Fleisch und später die Kochwurst und die Büchsen aus dem Kessel nehmen. Nachdem wir wieder zurück waren, sagte Hausschlachter Meyer, dass nur noch die Sülzenpresse fehle.

Um sie zu holen, wurde der nichts ahnende Sepp mit einer großen Kiepe, die ihm auf den Rücken gebunden wurde, zur Schmiede geschickt. Dort durfte er die Kiepe nicht absetzen sondern musste sie rückwärts auf den Amboss stellen. Schmiedemeister Albert Vasterling packte mehrere schwere Eisenteile, die er sich schon parat gelegt hatte, in die Kiepe und Sepp marschierte wieder los auf unseren Hof, wo er schon vom Schlachter und uns empfangen wurde.

Der Schlachter warf einen kurzen Blick in die Kiepe und sagte ganz erstaunt: »Das ist ja die kleine Sülzenpresse, wir brauchen aber die große.« Schon etwas ärgerlich machte sich Sepp mit der schweren Last wieder auf den Weg zur Schmiede. Hier wurden einige Eisenteile ausgewechselt und noch ein paar mehr als vorher hineingepackt.

Keuchend kam er das zweite Mal auf dem Hof an und wurde mit großem Gelächter empfangen. Den Grund dafür sah er, als wir ihm die schwere Kiepe abnahmen. In ihr befand sich nur Eisenschrott aus der Schmiede. Vor Wut schnaubend verschwand er auf seiner Kammer, wo er sich nur ganz allmählich beruhigte.

Hausschlachtung

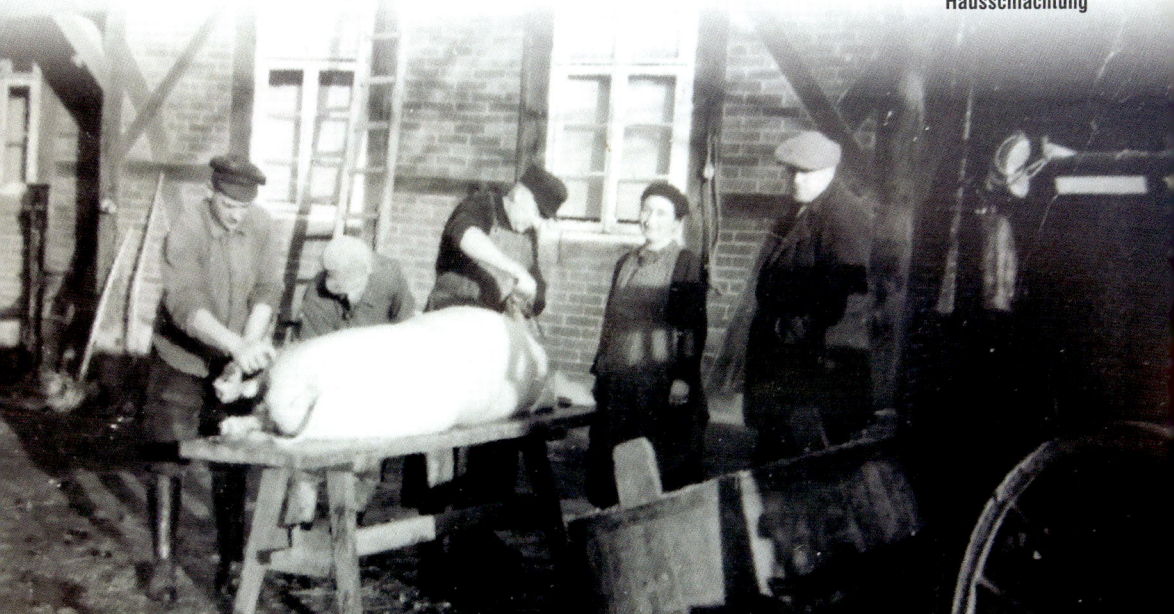

Fischauflauf

500 g Kartoffeln	schälen und in feine Scheiben schneiden. In eine gefettete Auflaufform schichten und mit
Salz	würzen.
2 Zwiebeln	würfeln und in heißem
Öl	glasig dünsten.
800 g TK-Spinat	aufgetaut zugeben und mit
Salz, Pfeffer	würzen. So lange dünsten, bis die Flüssigkeit verdampft ist. In eine Auflaufform füllen.
600 g Fischfilet	mit
Salz, Pfeffer	würzen, in
Mehl	wenden und in
Butter	kurz anbraten und auf den Spinat legen.
250 g Krabbenfleisch	darüber verteilen. Für die Soße
30 g Mehl	in
20 g Butter	anschwitzen, unter Rühren
300 ml Gemüsebrühe	und
200 ml Sahne	angießen. Mit
1 EL Senf	
1 Bund Dill (gehackt)	und
Salz, Pfeffer	abschmecken. Die Soße über den Auflauf gießen und bei 200 °C etwa 20 bis 25 Minuten backen.

Dorfweiher

Fischragout mit Käse-Senf-Soße

750 g Kabeljau-Filet	waschen, in Würfel schneiden, mit
2 EL Zitronensaft	beträufeln und zur Seite stellen.
3 mittelgroße Tomaten	vierteln und in Würfel schneiden.
2 Zucchini	in Scheiben schneiden.
2 Zwiebeln	würfeln und in
20 g Margarine	dünsten. Die Zucchinischeiben zugeben und andünsten. Mit
Salz, Pfeffer	würzen, dann herausnehmen.
200 g Cheddar-Käse	fein reiben.
20 g Margarine	erhitzen.
1 EL Mehl	darin anschwitzen. Mit
375 ml Brühe	und
125 ml Milch	unter Rühren ablöschen.
2 EL körniger Senf	und Käse einrühren. Fisch, Zwiebeln, Zucchini und Tomaten in die Soße geben und etwa 10 Minuten gar ziehen lassen. Abschließend mit
Salz, Pfeffer	abschmecken.

67

Dazu schmecken Petersilienkartoffeln.

Okerfahrt

Lachs im Wirsingmantel

400 g Lachsfilet	mit dem Saft von
1 Zitrone	beträufeln.
400 g Wirsing	blanchieren und die Blätter auskühlen lassen.
270 g Blätterteig (aus dem Kühlregal)	auseinanderrollen. Die Hälfte der Kohlblätter auf dem Blätterteig auslegen.
200 g Champignons	klein schneiden.
1 Zwiebel	fein würfeln, jeweils die Hälfte der Champignons und Zwiebelwürfel auf den Kohlblättern verteilen. Darauf das Lachsfilet legen, mit dem restlichen Gemüse bedecken und den Teig wie einen Mantel herumschlagen. Auf ein mit Wasser abgespültes Backblech legen und bei 220 °C etwa 30 Minuten backen. Nach 20 Minuten mit
1 Eigelb (verquirlt)	bepinseln. Für die Soße
400 ml Fischfond	zum Kochen bringen.
250 g Schmand	und
50 g Butter	einrühren, mit
Salz, Pfeffer	würzen und mit
Zitronensaft	abschmecken. Die Soße dazu servieren.

Salzgittersee

Himmelfahrt am Salzgittersee

Lachsforelle in Folie

4 Lachsforellen	säubern, waschen und trockentupfen.
4 EL Petersilie (gehackt)	mit
2 EL Dill (gehackt)	
2 EL Schnittlauchröllchen	
Salz, Pfeffer	und
100 ml Weißwein	zu einer dicken Paste verrühren. Dafür nicht mehr Wein als nötig nehmen. Die Forellen innen mit der Kräuterpaste einreiben und jeweils in gefettete Alufolie-Stücke wickeln. Bei 175 °C etwa 30 Minuten im Backofen garen.

> Dazu empfehlen wir zerlassene Butter,
> Sahnemeerrettich und Petersilienkartoffeln.

69

Fümmelsee

Fischtreppe an der Ilse in Hornburg

Hopfen- und Fachwerkstadt Hornburg

Von Carmen Meier

Die kleine Hopfen- und Fachwerkstadt Hornburg an der Ilse, Geburtsstadt von Papst Clemens II., entstand vor rund 1018 Jahren unterhalb der Burg. Hornburg ist eine Kleinstadt im Landkreis Wolfenbüttel und Mitglied der Gemeinde Schladen-Werla. Hornburg gilt als eine der schönsten Kleinstädte Norddeutschlands.

Im Vorharz stellt die Altstadt mit annähernd 400 Fachwerkhäusern ein einzigartiges mittelalterliches Kleinod dar. Verschachtelte Fachwerkhäuser, versehen mit vielen Schnitzereien, schöne Barocktüren und der dicke Turm in der Burgmauer, das Stadttor mit dem Wappen von 1552, vergitterte Hopfenfenster in Giebeln und Dachgauben oder reizvolle Durchblicke in romantische Winkel und Gassen verleiten zum Träumen. Mehrmals diente die unter Denkmalschutz stehende Altstadt als Filmkulisse, wie 1976 für den Kinofilm »Grete Minde« nach einer Novelle von Theodor Fontane und 1953 für »Wenn die Abendglocken läuten« mit Willy Birgel in der Hauptrolle.

Die Burg, auf einem niedrigen Kalksteinplateau inmitten der Stadt gelegen, war die nördliche Grenzfeste der Halberstädter Bischöfe. Von hier aus zog Kaiser Barbarossa 1181 in den Kampf gegen Heinrich den Löwen. Im Dreißigjährigen Krieg war die mächtige Burg häufiges Angriffsziel kaiserlicher und schwedischer Truppen. 1645 zerstörten die Schweden unter General Königsmarck die Burg. Erst 1922 wurde ein Teil der Burg als privater Wohnsitz wieder aufgebaut. Nach dem Friedensvertrag von 1648 wurde das Bistum Halberstadt und damit auch die Stadt Hornburg dem Kurfürstentum Brandenburg, dem späteren Königreich Preußen, zugesprochen. 1941 wurde das preußische Hornburg durch eine Gebietsreform im Zuge der Salzgitterverordnung braunschweigisch, womit ihr nach dem Zweiten Weltkrieg das ungleich härtere Schicksal einer Grenzstadt in der DDR erspart blieb.

Die Blütezeit Hornburgs lag im 16. Jahrhundert, als die Stadt durch Hopfenanbau und Hopfenhandel zu großem Wohlstand gelangte. Dieser Zeit verdankt Hornburg seine vielen reich verzierten Renaissance-Fachwerkhäuser mit ihren bunten Fächerrosetten, so etwa das Neidhammelhaus und das Storchenhaus, das Schulhaus der ehemaligen jüdischen Gemeinde, auf dessen Hinterhof eine barocke Synagoge stand und das Alte Zeughaus, das 1609 um einen auf Stelzen stehenden Giebelvorbau erweitert wurde. An den einträglichen Hopfenanbau erinnern der Hopfenspeicher und das Alte Brauhaus. Seit 1999 hat die Stadt wieder eine eigene Biersorte, das Hornburger Landbier.

Wasserrad der im Jahr 1604 erbauten Hagenmühle in Hornburg

Ebenso zu den sehenswürdigen Bauwerken zählen die katholische Papst-Clemens-Gedächtniskirche und die evangelische Marienkirche von 1616, die der erste protestantische Kirchenbau im Bereich der Braunschweigischen Landeskirche ist. Das Wasserrad der 400 Jahre alten Hagenmühle von 1604 ist neben der Wassermühle Erkerode die einzige erhaltene Wassermühle im Landkreis Wolfenbüttel.

Hornburg ist geprägt durch den Tourismus und die Landwirtschaft und hat somit natürlich eine enge Verbindung zur zuckerverarbeitenden Industrie. Im fünf Kilometer entfernten Schladen ist noch einer der wenigen Standorte mit einer Zuckerfabrik der Nordharzer Zucker AG, in der während der Kampagnezeit rund 10 000 Tonnen Rüben verarbeitet werden. Ein ganz besonderes Ausflugsziel bietet die in Schladen gelegene Schlangenfarm mit einer Vielfalt von Schlangen, Echsen und Spinnen. Es handelt sich um Europas größte Schlangenfarm.

Blick auf die Burg Hornburg – erstmals 994 in einer Urkunde erwähnt

71

Argonnendenkmal in Hornburg – Gedenkstein auf dem Iberg

Matjescreme mit Eiern

125 g Sahnequark	und
3 EL Sahne	verrühren und mit
Pfeffer	abschmecken.
2 Matjesfilets	pürieren und unterheben.
8 Eier	hart kochen, pellen, vierteln und auf der Matjescreme anrichten. Mit
Schnittlauchröllchen	bestreuen.

> Dazu schmecken Pellkartoffeln am besten.

Familie Schwan

Räucherlachs mit Bandnudeln

400 g Bandnudeln	nach Packungsanweisung kochen.
25 g Butter	in einer Pfanne erhitzen.
1 Bund Frühlingszwiebeln	in Ringe schneiden und in der Butter andünsten.
½ Bund Petersilie	hacken, dazugeben und kurz durchschwenken.
200 ml Sahne	hinzugießen und aufkochen lassen.
200 g Räucherlachs	klein schneiden, mit den Nudeln in die Pfanne geben und mit
Pfeffer	abschmecken.

Kraniche

73

Erpel August

Gebackene Senfeier

	Eine Auflaufform mit
Margarine oder Butter	fetten und mit
2 EL geriebener Käse	ausstreuen.
280 ml Sahne	mit
3 EL Senf	verrühren. Mit
Salz	abschmecken und die Blätter von
2 Stiele Majoran	unterrühren. Die Soße in die Form gießen.
8 Eier	aufschlagen und in die Form gleiten lassen. Mit
200 g geriebener Käse	bestreuen. Bei 180 °C etwa 30 Minuten im Ofen backen.

Überbackene Speckböhnchen

1 kg Bohnen	in Salzwasser bissfest garen, abgießen und in 10 Portionen teilen. Jede Portion mit je 2 Scheiben von
20 Scheiben roher Schinken	umwickeln. Dann in eine mit
Butter	gefettete Auflaufform legen.
8 Schalotten	und
4 Knoblauchzehen	fein hacken und mit
2 Lorbeerblätter	in
40 g Butter	andünsten.
200 ml Weißwein	hinzufügen und mit
Salz, Pfeffer	sowie
1 Prise Chiliflocken	würzen, durchköcheln lassen und Lorbeerblätter entfernen.
400 ml Sahne	unterrühren. Alles einkochen, in die Form gießen und mit
100 g geriebener Parmesan	bestreuen. Bei 180 bis 200 °C etwa 20 Minuten überbacken.

Fachwerkhaus Lesse

Herzhafte Gemüsepfanne

600 g Weißkohl	in breite Streifen schneiden.
250 g Möhren	in dünne Scheiben schneiden.
1 Zwiebel	fein würfeln.
400 g Fleischwurst	in Streifen schneiden
450 g Sojasprossen (aus dem Glas)	sowie
285 g Mais (aus der Dose)	abtropfen lassen.
30 g Butterschmalz	in einer großen Pfanne erhitzen, die Fleischwurst darin anbraten. Dann aus der Pfanne nehmen und das Gemüse portionsweise darin anbraten. Alles wieder in die Pfanne geben und mit
150 – 250 ml Brühe	ablöschen, etwa 10 Minuten garen. Mit
Salz, Pfeffer	abschmecken.

Dazu schmeckt Reis oder knuspriges Weißbrot.

75

Edelhof Stiegmann in Lesse

Burgdorf

Braunkohl mit Brägenwurst

1 – 1,5 kg frischer Grünkohl	von den Blattrippen lösen und waschen. In kochendem Wasser kurz blanchieren, dann herausnehmen, gut ausdrücken und grob schneiden.
3 große Zwiebeln	würfeln und in
100 g Schweineschmalz	glasig anschwitzen.
1 kg gut durchwachsener Schweinebauch	mit dem Kohl zu den Zwiebeln geben. Mit
Salz, Pfeffer	würzen und
300 ml Fleischbrühe	hinzufügen. 3 Stunden garen, dabei auf genügend Flüssigkeit im Topf achten.
6 Brägenwürste	auf den Kohl legen und 30 Minuten erwärmen.

> Schmeckt auch lecker, wenn man einige Quenbirnen mitgart.

Im Braunschweiger Land ist »Braunkohl« ein Synonym für Grünkohl

Von Ursula Hanke

Slow Food, eine Organisation, die es sich unter anderem zum Ziel gesetzt hat, alte Nutz-tierrassen und Nutzpflanzenarten vor dem Aussterben und alte regionale Gerichte vor dem Vergessen zu bewahren, hat sich vor einigen Jahren die Erhaltung des Braunkohls auf ihre Fahnen geschrieben. Original Saatgut vom Braunschweiger Kohl gab es nicht mehr, aber das Museumsdorf Diesdorf in der Altmark hatte eine violette Kohlsorte, auf die die Be-schreibung des Braunschweigers zutraf. Dieser wurde vermehrt und ist heute bei einigen Erzeugern im Wolfenbüttler Land erhältlich. Bei Vergleichsverkostungen fällt der echte Braunschweiger, der beim Kochen grün wird, durch einen besonders kräftigen Geschmack auf. Neben den üblichen Zutaten (Brägenwurst, Bratkartoffeln, Schweinebraten, Kasseler, Salzkartoffeln) wird bei uns eine gekochte Birne zum Braunkohl gegessen. Früher stand hierfür in vielen Gärten und an manchen Landstraßen ein Baum der »Quenbirne«, einer wohl nur im Braunschweiger Land verbreiteten Kochbirne: klein, mit hellgrüner bis röt-licher Farbe, gekocht süß, schwach zimtartig, als Tafelbirne nicht genießbar. Von den zahl-reichen Bäumen aus vergangener Zeit wurden 2007/2008 im Wolfenbüttler Raum nur noch acht Exemplare gefunden, von denen inzwischen zwei eingegangen sind. Einige Wildlinge wurden mit Reisern der Quenbirne veredelt.

Früher war der hier angebaute Braunkohl von dunkel violetter Farbe, die Blätter glatt und nur an den Rändern kraus.

Spargel mit Nudeln und Schinken

500 g Spargel	waschen, schälen und in Stücke schneiden.
250 ml Wasser	zum Kochen bringen, mit
Salz, Pfeffer	würzen.
125 g Spirelli-Nudeln (Fusilli)	und
100 g Schinkenwürfel	mit dem Spargel ins kochende Wasser geben. 10 Minuten köcheln, dabei immer wieder umrühren. Dann
125 ml Sahne	unterrühren und weitere 5 Minuten kochen.
Frische Kräuter nach Geschmack	hinzufügen.

Ein schnelles Gericht, welches auch für Gäste geeignet ist.

77

Haus in Salzgitter-Steterburg

Stiftskirche in Salzgitter-Steterburg

Steckrübenpüree mit Frikadellen

1 Brötchen	einweichen, ausdrücken und mit
1 mittlere Zwiebel (gewürfelt)	
1 Ei	
Salz, Pfeffer	und
500 g Hackfleisch	zu einem Hackteig kneten. Daraus 8 Frikadellen formen und diese mit je einer von
8 Scheiben Frühstücksspeck	umwickeln. In
2 EL Öl	etwa 10 Minuten braten.
2 mittlere Zwiebeln	in Ringe schneiden und mit den Frikadellen weitere 5 Minuten braten.

Das Steckrübenpüree

800 g Kartoffeln	und
1,5 kg Steckrüben	schälen, grob würfeln. In
500 ml Salzwasser	etwa 20 Minuten kochen. Das Gemüse anschließend abgießen, dabei das Gemüsewasser aufheben. Das Gemüse zerstampfen und dabei so viel Gemüsewasser zufügen, bis ein cremiges Püree entsteht. Mit
2 EL Butter	und
Salz, Muskat	verfeinern. Mit
Petersilie (gehackt)	bestreut servieren.

78

Windpark Salzgitter-Reppner

Von Zigarrenstummeln und dem Entenbraten

Von Heinrich Hagemann

Am Nordrand unseres Dorfes befand sich ein Feldweg mit einer dichten Hecke von überwiegend Keileckenbüschen (Holunderbeeren). Diese Hecke bildete eine natürliche Grenze zu den sich anschließenden Gärten. Hier verkrochen Wolf-Dieter und ich uns oft sonntags nach dem Mittagessen, wenn es im Dorf überall ruhig wurde, um als Heranwachsende (in den Jahren 1947/1948) einiges auszuprobieren.

Salzgitter-Engelnstedt Dorfstraße

Zunächst schnitten wir trockene, mit Mark gefüllte Holunderzweige in Zigarettenlänge, stocherten mit einer langen Nadel und mit einem Draht ein Loch längs durch das Mark und zündeten sie als Zigarette an. Es qualmte mächtig, schmeckte aber fürchterlich. Diese Versuche wollten uns nicht behagen und so hatte Wolf-Dieter eine tolle Idee (an Zigaretten kamen wir zu der Zeit nicht heran). Er brachte am nächsten Sonntag von seinem Vater ausgelutschte Zigarrenstummel mit in unser Versteck.

Nachdem wir uns vergewissert hatten, dass wir unbeobachtet waren, zündeten wir die Dinger an und jeder von uns zog mit sichtbarem Vergnügen an solch einem hochkonzentrierten Stummel. Von Weitem hätte man denken können, die Hecke brennt. Doch, oh Schreck, nach einigen Zügen bekam ich so das Husten, dass mir ganz schwindelig und darauf hundeelend wurde. Wie Wolf-Dieter diese Gewaltkur überstanden hat, weiß ich nicht mehr. Ich jedenfalls schlich mich nach Hause. Dort erwischte mich meine Mutter, weil ich mich übergeben musste, und sie wollte wissen, was ich gemacht hätte. Als Erklärung hatte ich vorzubringen, dass es wohl nur der Entenbraten vom Mittag gewesen sein konnte! Dieser Vorfall war mir solch eine Lehre fürs weitere Leben, dass ich nie wieder eine Zigarette geschweige denn eine Zigarre geraucht habe.

79

Kürbisfest in Engelnstedt

Kartoffelklump

Am Elmrand wird dieses Gericht noch vielfach gekocht. Dieses Rezept stammt aus dem Seniorenheim Schliestedt, wo es sich großer Beliebtheit erfreut.

100 g fetter Speck	fein würfeln und in einer Pfanne knusprig braten.
1,5 kg mehlig kochende Kartoffeln	schälen und reiben.
1 Zwiebel	pellen und reiben.
1 – 2 EL Paniermehl	und den Speck hinzufügen und mit den Kartoffeln vermischen. Mit
Salz	abschmecken. Diese Masse bergartig auf fertig gekochten
1 kg Braunkohl (oder Sauerkraut)	geben. Im vorgeheizten Backofen bei 200 °C etwa 30 Minuten backen, dann weitere 30 Minuten bei 100 °C fertig backen.

80

Strauchrose »Flammentanz«

Schlafwandler im Schlosshof Salder

Backofengemüse

1,2 kg kleine neue Kartoffeln	waschen und halbieren.
2 Möhren	putzen und in nicht zu dünne Scheiben schneiden. Die Zutaten mit
4 EL Öl	und
½ TL Salz	vermischen, in eine Auflaufform geben und bei 200 °C etwa 30 Minuten vorgaren. In der Zwischenzeit
2 kleine Zucchini	
2 Paprikaschoten	und
250 g Champignons	waschen, klein schneiden.
1 – 2 Knoblauchzehen	fein würfeln und mit Zucchini, Paprika, Champignons in die Auflaufform zu den vorgegarten Zutaten geben. Mit
Salz, Pfeffer	würzen und weitere 20 bis 25 Minuten, bei gleicher Temperatur fertig garen. Kurz vorm Ende mit
½ TL Kräuter der Provence	bestreuen.

Ein leichtes Essen, bei dem man auch verschiedene andere Gemüsesorten verwenden kann.

81

Das Renaissanceschloss Salder wurde 1608 erbaut.

Alte Lokomotiven

Helene Künne – Mitbegründerin der LandFrauenbewegung in Niedersachsen

Von Renate von Hubatius

Über 50 Jahre prägte Helene Künne die LandFrauenarbeit in Niedersachsen. Insbesondere nach dem Zweiten Weltkrieg gelang es ihr durch Schaffenskraft und Tatendrang, die LandFrauenarbeit mit aufzubauen und als die erste amtierende Vorsitzende im Niedersächsischen LandFrauenverband Hannover Akzente zu setzen.

Wie es dazu kam: Am 30. April 1890 wurde Helene als einziges Kind der Eheleute Heinrich und Emma Gaus in Bündheim bei Bad Harzburg geboren. Die Eltern führten dort einen Hotel- und Gaststättenbetrieb. Durch die Heirat mit dem Landwirt Christian Künne während des Ersten Weltkrieges kam sie nach Semmenstedt bei Wolfenbüttel. Hier bewirtschaftete das Ehepaar einen landwirtschaftlichen Betrieb. Aus dieser Ehe gingen die zwei Kinder Hans-Christian und Ursula hervor. Doch die schicksalhafte Entwicklung Deutschlands mit Ausbruch des Zweiten Weltkrieges fügte der Familie großes Leid zu. Ihr Sohn Hans-Christian fiel in Russland.

Helene Künne

Helene Künne war in zahlreichen Ehrenämtern gefragtes Mitglied, denn ihr unermüdlicher Einsatz, ihr großes Verantwortungsbewusstsein und Pflichtgefühl waren in den Zeiten des Wiederaufbaus gefragt. Sie engagierte sich beim Roten Kreuz sowie in der Evangelischen Frauenhilfsorganisation im Land Braunschweig. Nach Ende des Zweiten Weltkrieges und nach Gründung des Landes Niedersachsen wurde sie beauftragt, sich der Organisation der Landesfrauenbewegung in Niedersachsen anzunehmen. Ihr Ehemann und die Familie machten es möglich, dass sie dieser Bitte nachkommen konnte.

82

Unermüdlich war ihr Engagement, diese LandFrauenbewegung mit Leben zu erfüllen. Überzeugend machte sie den Frauen in den Dörfern die Vorteile einer gemeinsamen Organisation deutlich. Unendlich viele Versammlungen der LandFrauenvereine in den Ortschaften in ganz Niedersachsen besuchte sie und schaffte es allerorts LandFrauen zu ermutigen, diese Aufgabe gemeinsam zu verwirklichen. Im Jahre 1948 wurde aus 135 bis dahin bestehenden LandFrauenvereinen der Niedersächsische Landesverband Hannover gegründet. Die LandFrauen wählten Helene Künne zu ihrer 1. Vorsitzenden. Diese Aufgabe führte sie mit Herzblut bundes- und europaweit bis 1963 fort.

Ein großes Anliegen während ihrer Amtszeit war es, eine Stätte der Begegnung, der Bildung und Erholung für LandFrauen einzurichten. Diese Herkulesaufgabe ist ihr gelungen. Ihre Überzeugungskraft, aber auch die vielen Spendenaufrufe haben die Geldmittel erbracht, das »Haus am Steinberg« in Goslar zu bauen. 1961 konnte das »Haus der Landjugend und der LandFrau« eingeweiht und seiner Bestimmung übergeben werden.

Als das »Grüne Zentrum« in Braunschweig-Broitzem mit Sitz der Landwirtschaftskammer erbaut wurde, benannte man die Straße zur Erinnerung und Würdigung der Verdienste der 1. Vorsitzenden des Niedersächsischen LandFrauenverbandes, in »Helene-Künne-Allee«.

Am Zweiten Weihnachtstag 1973 ist Helene Künne im Kreis der Familie im Alter von 83 Jahren in Semmenstedt verstorben. Wir vom Kreisverband Wolfenbüttel-Salzgitter sind stolz, dass die ehemalige 1. Vorsitzende des Niedersächsischen LandFrauenverbandes aus unseren Reihen kam.

83

Haus am Steinberg

Schinkenkartoffeln

15 mittelgroße Kartoffeln	in der Schale gar kochen, dann pellen und abkühlen lassen. Jede Kartoffel mit je einer Scheibe von
15 Scheiben roher Schinken	umwickeln. Dann in eine mit
Butter	gefettete Auflaufform legen.
400 ml Sahne	erhitzen.
200 g Sahne-Schmelzkäse	und
200 g Kräuter-Schmelzkäse	darin auflösen. Die Soße in die Form gießen und über Nacht kalt stellen. Mit
200 g geriebener Gouda	bestreuen und bei 180 °C in 20 Minuten goldbraun überbacken.

Röhrklump

8 große, mehlig kochende Kartoffeln	schälen, fein reiben.
1 – 2 Zwiebeln	fein würfeln und mit
2 Eier	unter die Kartoffelmasse rühren. Mit
Salz	abschmecken. Eine Auflaufform oder eine Fettpfanne mit der Hälfte von
300 g Speck (in dünnen Scheiben)	auslegen, den Teig einfüllen und mit dem restlichen Speck abdecken. Den Auflauf bei 250 °C knusprig braun backen.

Fachwerkinschrift in der Pfarrhofstraße 9 in Hornburg

Wirsing-Kartoffelpüree-Auflauf

1 kg Kartoffeln	sowie
2 Möhren	schälen, waschen und in Stücke schneiden. In kochendem Salzwasser etwa 20 Minuten garen. Inzwischen
1 kleiner Kopf Wirsing (ca. 800 g)	putzen, waschen und in Streifen schneiden.
1 Zwiebel	schälen, würfeln und in
1 EL Butter	glasig dünsten. Den Kohl hinzufügen, mit
Salz, Pfeffer	würzen und 5 Minuten schmoren lassen. Dann mit
200 ml Gemüsebrühe	ablöschen und zugedeckt 8 Minuten garen.
300 ml Milch	erhitzen. Das Kartoffel-Möhren-Gemüse abgießen und mit der Milch zerstampfen. Mit
Salz, Pfeffer, Muskat	abschmecken. Den Wirsing mit
100 ml Sahne	verfeinern und
75 g Sahne-Schmelzkäse	dazugeben.
300 g Rostbratwürstchen	in
1 – 2 EL Öl	unter Wenden 2 bis 3 Minuten braten. Die Hälfte vom Wirsing in eine große Auflaufform geben, die Würstchen darauflegen und mit dem restlichen Wirsing bedecken. Das Püree darauf verteilen. Im vorgeheizten Ofen bei 200 °C Ober- und Unterhitze etwa 35 bis 40 Minuten backen.

85

Kirschenallee in Hornburg mit Blick auf Hofstellen

Kochen mit Kindern – ein erfolgreiches LandFrauenprojekt macht Schule

Von Simone Hagemann und Meike Schreiber

Spielerisch vermitteln LandFrauen im Projekt »Kochen mit Kindern« acht- bis elfjährigen Kindern Wissenswertes über gesunde Ernährung und die Erzeugung von Grundnahrungsmitteln. Bereits seit 2005 wird im Kreisgebiet Wolfenbüttel dieses Projekt für Jungen und Mädchen an Grundschulen erfolgreich durchgeführt. Mehr als 10 000 Kinder haben so an zahlreichen Aktionstagen in ihrer Schule Theorie und Praxis rund um die gesunde Ernährung erlebt.

Obst und Gemüse, Milch, Kartoffeln und Getreide gehören zu den wichtigsten Nahrungsmitteln unserer Gesellschaft und sind die Basis einer gesunden und ausgewogenen Ernährung. Mit dem Aktionstag »Kochen mit Kindern« bringen qualifizierte LandFrauen Kindern die positiven Aspekte von frischen Lebensmitteln aus der Region für die Gesundheit – aber auch für die Umwelt, Wirtschaft, Landwirtschaft und Kultur – näher. Zuvor haben die LandFrauen in einer 20-stündigen Qualifizierungsmaßnahme dafür zusätzliche Kompetenzen erworben und das pädagogische Rüstzeug erhalten.

An einem Unterrichtsvormittag geht es den LandFrauen darum, bei den Schülerinnen und Schülern das Interesse an gesunder Ernährung zu wecken und Kompetenzen zu fördern zur kreativen Gestaltung einer vollwertigen täglichen Verpflegung. Deshalb wird den Kindern nicht nur die Theorie vermittelt, sondern sie werden auch an die Esskultur herangeführt, wobei verschiedene spielerische Elemente sie die Lebensmittel mit allen Sinnen erfahren und genießen lassen. Die Kinder sammeln praktische Erfahrungen, die es ihnen leichter machen, gute Vorsätze in die Tat umzusetzen. Ein Rezeptheft mit den zubereiteten Speisen und Getränken nehmen die Kinder am Ende des Aktionstages mit nach Hause.

Möhrensalat

80 ml Apfelsaft	mit
1 Prise Salz	und dem Saft von
1 Zitrone	in eine Schüssel geben und verrühren.
4 Möhren	mit Sparschäler schälen und raspeln.
2 Äpfel	waschen und raspeln. Alles in die Schlüssel geben und vermengen.

Erdbeer-Tiramisu

150 g Italienisches Mandelgebäck (Cantuccini-Kekse)	in eine Auflaufform legen und mit
50 ml Orangensaft	beträufeln.
500 g Erdbeeren	waschen, entstielen, halbieren und auf die Kekse legen.
400 ml Sahne	mit
1 Pck. Vanillezucker	
1 Pck. Sahnesteif	und
50 g Zucker	steif schlagen.
200 g Naturjoghurt	sowie
200 g Crème fraîche	unterheben und auf die Erdbeeren streichen.

87

Kochen mit Kindern in der Grundschule Fredenberg

Bunter Knetekuchen

150 g Butter	mit
150 g Zucker	
1 Pck. Vanillezucker	in eine Schüssel geben und mit dem Mixer vermengen.
4 Eier	dazugeben und alles schaumig rühren.
300 g Mehl	mit
2 TL Backpulver	vermengen, nach und nach unterheben, bis alles gut verrührt ist und keine Klumpen mehr da sind. Wenn der Teig zu fest ist, gerne noch etwas
Milch	dazugeben und alles gut verrühren. Danach den Teig auf vier Schüsseln verteilen und mit
Lebensmittelfarbe (rot, grün, blau, gelb)	verrühren. Den Teig esslöffelweise und kunterbunt in eine Backform (z.B. Muffinform) geben. Bei 175 °C Umluft auf der mittleren Schiene im Backofen etwa 30 Minuten backen.

Karneval im Waldkindergarten im Burgtal – ein kleines Wäldchen bei Schöppenstedt

Hereinspaziert – LandFrauen öffnen ihre Dörfer.

Spinat-Makkaroni-Auflauf

300 g Makkaroni	in Salzwasser etwa 10 Minuten kochen, dann in ein Sieb abgießen.
3 Eier	mit
100 ml Sahne	verquirlen und mit
Salz, Pfeffer	würzen.
500 g TK-Spinat	auftauen lassen, mit
100 g Parmesan	und den übrigen Zutaten vermischen und in eine gefettete Auflaufform füllen.
125 g Mozzarella	In Scheiben schneiden und über den Auflauf geben. Im Backofen bei 180 °C etwa 15 Minuten überbacken.

Zauberfruchtspeise

89

50 g grob geschroteter Weizen	mit
500 g Naturjoghurt	
1 EL Honig oder Zucker	sowie
2 EL Sonnenblumenkerne	in eine Schüssel geben und verrühren.
4 Äpfel	waschen und grob raspeln.
2 Bananen	schälen, halbieren und in Scheiben schneiden.
250 g Weintrauben	waschen und halbieren. Alles vorsichtig in die Schüssel geben, vermischen und mit
Zucker	abschmecken.
200 ml Sahne	in ein hohes Rührgefäß geben, mit dem Handrührgerät steif schlagen und vorsichtig unter die Fruchtspeise heben.

Hinterm Zaun

Das besondere Pfannkuchen-Rezept

3 Eigelb	mit
40 g Zucker	schaumig rühren.
40 g Mehl	auf die Eimasse sieben.
3 Eiweiß	steif schlagen, und mit dem Schneebesen unterziehen. Zuletzt
1 EL Sahne	vorsichtig unterheben. Sofort backen!

Das Rezept reicht für einen großen Pfannkuchen.

Brandheiße Pfannkuchen in Barum

Von Rosemarie Hackbarth

Am frühen Nachmittag des 5. August 1701 brannten in Barum (Salzgitter) das Pfarrhaus, das Pfarrwitwenhaus, die Schule und 15 Höfe ab. Von der Gluthitze hochgewirbelte Strohballen aus der Pfarrscheune, dem Brandherd, fielen auf die ebenfalls strohgedeckten Häuser und lösten den Großbrand aus.

Doch wie war es zu dieser Katastrophe gekommen? Die Magd im Pfarrhaus soll sehr gern Pfannkuchen gegessen haben, doch leider standen die nie auf der Speisekarte der Pfarrersfamilie. Als nun am 5. August der Pfarrer zu einem dienstlichen Treffen nach Leinde aufbrach, bereitete sich die Magd ihr Lieblingsgericht zu. Aber, oh Schreck, der Pfarrer kehrte zurück, weil er einige Dienstpapiere vergessen hatte. Die Magd in ihrer Panik schnappte sich die Pfanne, lief in die Pfarrscheune und schob die heiße Pfanne in das Stroh. Minuten später nahm das Unheil seinen Lauf: Die trockenen Strohballen fingen Feuer und schnell griffen die Flammen um sich.

Ob sich das nun wirklich so zugetragen hat? Aber in Barum werden immer noch gern Pfannkuchen gegessen.

**Das Mädchen »Lenchen« –
Der Junge »Karlchen«
(von Lars von Pers)**

Kartoffelauflauf

400 g Kartoffeln	waschen und in einem Topf mit
125 ml Wasser	20 Minuten kochen. Anschließend pellen und in Scheiben schneiden.
400 g Brokkoli	waschen und in Röschen teilen.
400 g Möhren	mit dem Sparschäler schälen und in Scheiben schneiden. Das Gemüse mit
400 g TK-Erbsen	in
125 ml Wasser	kurz aufkochen lassen, dann die Platte ausschalten. Nach etwa 5 Minuten das Gemüse aus dem Topf nehmen und das Wasser aufheben. Das Gemüsewasser in einen Messbecher geben und mit
Milch	auf 250 ml auffüllen.
200 g Frischkäse	sowie
2 Eier	dazugeben und mit einem Schneebesen rühren.
1 Prise Pfeffer, 1 TL Salz	dazugeben und rühren. Eine Auflaufform einfetten, abwechselnd Kartoffeln und Gemüse einfüllen. Die Soße darübergießen. Im Backofen den Auflauf 20 Minuten bei 200 °C überbacken.

91

Spielende Kinder im Waldkindergarten bei Schöppenstedt

Thüringer Waldziege Grete

Bärlauchpesto

50 g Pinienkerne	in einer Pfanne ohne Fett goldbraun rösten und abkühlen lassen.
100 g Bärlauch	waschen, trocknen, grob schneiden und zusammen mit den Pinienkernen sowie
1 Knoblauchzehe	im Mixer pürieren. Langsam
150 ml gutes Olivenöl	zugeben.
50 g Pecorino oder Parmesan	frisch reiben und unterrühren. Mit
Salz, Pfeffer	würzen.

Lecker zu Nudeln, Gemüse oder zum Verfeinern von Salatsoßen.

Bärlauch

Wappen der evangelischen Kirche in Hornburg

Knoblauchsoße

4 Knoblauchzehen	mit
1 EL Senf	und
2 Eigelb	verrühren.
250 ml Öl	tropfenweise dazugeben. Mit
250 g Schmand	und
frische Kräuter (nach Geschmack)	vermischen und mit etwas
Zitronensaft	sowie
Salz, Pfeffer	abschmecken.

> Alle Zutaten sollten Zimmertemperatur haben.

Basilikumaufstrich

10 Basilikumblätter	und
1 Knoblauchzehe	
5 getrocknete Tomaten (in Öl eingelegt)	fein hacken.
250 g Frischkäse	sowie
200 g Quark	
1 TL Kräutersalz	dazugeben und verrühren.

**Hornburger evangelische Kirche
Beatae Mariae Virginis von 1616 bei Nacht**

3-Käse-Kräuter-Soße

250 ml Milch	erhitzen.
125 g Kräuter-Frischkäse	und
125 g Kräuter-Schmelzkäse	
125 g Gorgonzola	in der Milch schmelzen und leicht eindicken lassen. Mit
1 TL gekörnte Gemüsebrühe	sowie
Salz, Pfeffer	
Paprika edelsüß	würzen. Zum Schluss
je 1 EL Schnittlauch, Petersilie	unterrühren.

Lecker zu Nudeln.

Cassis-Soße

4 EL schwarze Johannisbeerkonfitüre	erhitzen, bis sie flüssig ist, wieder abkühlen lassen und dann mit
300 g saure Sahne	
5 EL Cassis-Likör	
2 EL Zitronensaft	und
1 Prise Salz	abschmecken.

Schmeckt gut zu Obstsalaten.

Ausgrabungen auf der Kaiserpfalz Werla

Kräuter-Joghurt-Dressing

300 g Sahnejoghurt	für 1 Stunde zum Abtropfen in ein Sieb geben.
Je 1 Bund Dill, Petersilie, Basilikum	waschen, trocknen und von den Stielen zupfen. Die Kräuter zusammen mit
1 – 2 Knoblauchzehen	im Mixer zerkleinern oder fein hacken. Dann mit dem Joghurt verrühren und mit
Salz, Pfeffer, Zucker	
3 EL Zitronensaft	sowie
3 EL Olivenöl	abschmecken.

Kräuter-Vinaigrette

1 Töpfchen Kresse	abschneiden und mit
1 Bund glatte Petersilie	
1 Bund Dill	sowie
1 Zweig Basilikum	fein hacken.
1 Bund Schnittlauch	in feine Röllchen schneiden und untermischen. Aus
2 EL Weinessig	und
6 EL Rapsöl (kaltgepresst)	eine Vinaigrette rühren und mit
Salz, Pfeffer	würzen. Die vorbereiteten Kräuter unterrühren.

Westtor Kaiserpfalz Werla

Evessen – zwischen Tumulus und Obstplantagen

Von Ursula Hanke

Evessen – rund 20 Kilometer östlich von Braunschweig an der Straße nach Schöppenstedt gelegen – ist ein Dorf mit einer über 1000-jährigen Geschichte. Es wurde im Jahre 952 erstmals urkundlich erwähnt. Stumme Zeitzeugen wie die romanische Kirche, alte Höfe oder auch der »Tumulus« mit seiner 850-jährigen Linde spiegeln die Entwicklung des Dorfes wider.

Äpfel aus Evessen

Der Tumulus – gelegen an der Durchfahrtsstraße gegenüber der Kirche – ist mit sechs Metern Höhe und einem Durchmesser von 34 Metern nicht zu übersehen. Sein Inneres ist nicht erforscht. Der Hügel wird für ein Fürstengrab der frühen Bronzezeit (1800 – 1600 v.Chr.) oder gar aus der Jungsteinzeit (4000 – 2000 v.Chr.) gehalten. Unter der auf dem Hügel stehenden 850-jährigen Linde wurde schon im Mittelalter Recht gesprochen. Das Gericht wurde im Jahre 1347 erstmalig erwähnt und erst 1808 durch König Julius aufgehoben.

Zwischen dem Dorf und dem Elm – einem etwa 25 Kilometer langen und zwischen drei und acht Kilometer breiten Höhenzug – dem größten Buchenwald Norddeutschlands, liegt eine 1951 gegründete Obstbausiedlung, die 23 Flüchtlingsfamilien Heimat und Existenz gab. Heute gibt es hier noch vier Vollerwerbsbetriebe, die Äpfel, Birnen, Steinobst und Beeren anbauen. Die modern eingerichteten Betriebe bieten Äpfel und Birnen das ganze Jahr über an.

Evessen hat etwa 1300 Einwohner, neben dem Obstanbau spielen Landwirtschaft und Tourismus eine wichtige Rolle. Es gibt eine Bio-Bäckerei, eine Gärtnerei, eine Landschlachterei, einen Ziegenhof, ein kleines Geschäft für den täglichen Bedarf, eine Töpferei und verschiedene technische Betriebe.

Tumulus Evessen

Honigkuchensoße

40 g Butter	in einem Topf zerlassen.
1 Zwiebel	würfeln und mit
50 g Schinkenwürfel	glasig schmoren.
20 g Mehl	darüberstäuben und mit
500 ml Brühe	ablöschen. So viel von etwa
50 g Honigkuchen	in die Soße bröckeln, bis diese sämig wird. Mit
Essig, Salz, Zucker, Pfeffer	abschmecken.
3 EL Rosinen	darin heiß werden lassen.

Sie können 4 Schmorwürste (rohe, grobe Bratwurst) darin erhitzen. Dazu empfehlen wir Pellkartoffeln.

Insektenhotel

Fleißige Bienen

Salatsoße nach Sylter Art

1 Zwiebel	fein hacken. Mit
30 g mittelscharfer Senf	und
300 g Naturjoghurt	
60 g Rapsöl	
50 g Zucker	sowie dem Saft von
½ Zitrone	verrühren und mit
Salz, Pfeffer	
Salatkräuter (frisch oder TK)	abschmecken.

> Hält sich einige Tage
> im Kühlschrank.

Petersilienpesto

75 g Petersilie	fein hacken.
40 g Pinienkerne	und
40 g Mandelblättchen	in einer trockenen Pfanne rösten.
75 g Pecorino oder Parmesan	reiben. Alle Zutaten mit
2 Knoblauchzehen	
150 ml Olivenöl	
Salz, Pfeffer	im Mixer pürieren.

> Parmesan ist ein Käse, dessen Heimat
> Norditalien ist und der aus Kuhrohmilch
> hergestellt wird. Pecorino kommt aus Mittel-
> und Süditalien und wird vorwiegend aus
> Schafsmilch hergestellt.

Abendstimmung

Tomaten-Käseaufstrich

1 Zwiebel	schälen und im Mixer zerkleinern.
8 getrocknete Tomaten (in Öl eingelegt)	in kleine Würfel schneiden.
250 g Schafskäse	zerbröckeln. Alle Zutaten mit
250 g Frischkäse	verrühren und mit
Pfeffer	abschmecken.

Lachsaufstrich

1 Zwiebel	schälen und in der Küchenmaschine zerkleinern.
200 g geräucherter Lachs	dazugeben und zerkleinern.
300 g Frischkäse	unterrühren und mit
Salz, Pfeffer	abschmecken.

99

Ochsenherz – eine alte Tomatensorte mit viel Geschmack

Joghurtbombe

500 g Joghurt	mit
100 g Zucker	und
1 Pck. Vanillezucker	verrühren.

Ein schneller Nachtisch, der mit einer Fruchtsoße oder mit Roter Grütze serviert werden kann.

400 ml Sahne steif schlagen und unter den Joghurt ziehen. Ein Sieb mit einem Tuch auslegen und die Masse einfüllen. Über Nacht kühl stellen und am nächsten Tag auf einen Teller stürzen.

Quarkpudding

500 ml Milch	mit
120 g Zucker	
1 Prise Salz	
1 Pck. Vanillezucker	und
1 Pck. Vanille-Puddingpulver	zu einem Pudding kochen.
500 g Magerquark	in den noch heißen Pudding rühren.

Dazu passen Fruchtsoßen oder Obst.

100

Vanillesoße – extra lecker

250 ml Sahne	aufkochen.
2 EL Zucker	hinzufügen.
1 Vanilleschote	aufschneiden und das Mark herauskratzen, alles unter die Sahne rühren und 10 Minuten ziehen lassen. Die Vanilleschote danach wieder herausnehmen.
2 Eigelb	verquirlen, mit dem Schneebesen in die Sahne rühren, langsam bis kurz vor dem Siedepunkt erhitzen, so dass die Soße dickflüssig wird. Nun vom Herd nehmen unter Rühren erkalten lassen.

Rosa Wölkchen

1 Pck. gemahlene rote Gelatine	mit
6 EL kaltes Wasser	in einem Topf anrühren und 5 Minuten quellen lassen. Dann unter Rühren erwärmen, bis die Gelatine vollständig gelöst ist. Den Topf von der Kochstelle nehmen und die Gelatine leicht abkühlen lassen.
250 ml Weißwein	mit
250 ml Apfelsaft	
75 g Zucker	und
1 Pck. Vanillezucker	gut verrühren. Zunächst 2 Esslöffel von der Wein-Saft-Mischung unter die lauwarme Gelatinelösung rühren, dann diese Mischung unter die übrige Flüssigkeit rühren.
250 ml Sahne	steif schlagen. Die Sahne großzügig unter die dickliche Creme ziehen. Es sollen Sahneflocken zu sehen sein, damit es wie Wölkchen aussieht. Die Speise in Dessertgläser füllen und bis zum Verzehr mindestens 2 Stunden in den Kühlschrank stellen.

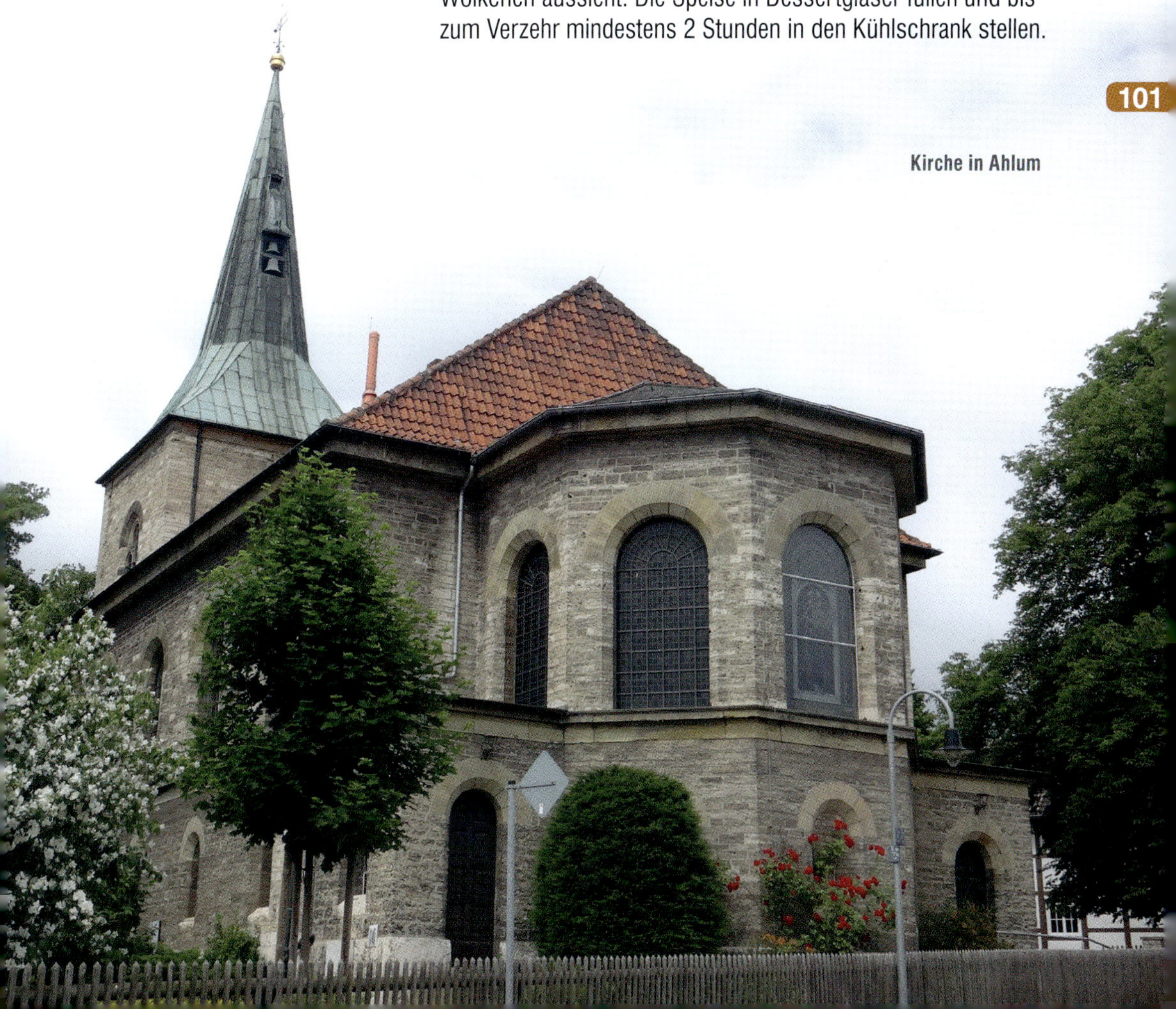

101

Kirche in Ahlum

Schlankes Tiramisu

375 ml Milch	zum Kochen bringen.
2 EL Zucker	und
2 EL Vanille-Puddingpulver	in wenig Milch anrühren, in die kochende Milch rühren und aufkochen lassen.
300 g Magerquark	mit
100 g Zucker	verrühren, bis sich der Zucker gelöst hat.
100 ml Sahne	steif schlagen und mit dem Pudding unter den Quark ziehen. Eine Auflaufform (15 x 20 cm) mit der Hälfte von
24 Löffelbiskuits	auslegen.
80 ml kalter Kaffee	mit
20 ml Amaretto	vermischen und mit der Hälfte dieser Mischung die Löffelbiskuits tränken. Die Hälfte der Quarkmasse auf die Löffelbiskuits streichen. Die restlichen Löffelbiskuits auf die Quarkmasse legen und mit der Kaffeemischung tränken. Die restliche Quarkmasse darauf streichen. Das Tiramisu 4 Stunden kalt stellen. Kurz vor dem servieren mit
1 TL Kakaopulver	bestäuben.

102

Kleines Rathaus Salzgitter-Bad

Wandermusikanten Salzgitter-Bad

Aprikosen-Mandel-Soufflé

800 g Aprikosen (aus der Dose)	abtropfen lassen und in Spalten schneiden. Mit
2 EL Orangenlikör	mischen und 30 Minuten ziehen lassen.
3 Eiweiß	steif schlagen, dabei
4 EL Zucker	einrieseln lassen.
4 Eigelb	mit
3 EL Zucker	und
1 Prise Salz	cremig rühren.
5 EL Milch	und
2 EL Orangenlikör	unter das Eigelb rühren. Dann den Eischnee unterheben. Ein Drittel Teigmasse auf 4 Souffléförmchen verteilen. Die marinierten Aprikosen darauf geben und mit dem restlichen Teig bedecken. Mit
2 EL Mandelblättchen	bestreuen und bei 175 °C etwa 30 bis 35 Minuten backen. Mit
Puderzucker	bestäuben und sofort servieren.

103

Brunnen in Salzgitter-Bad

Innenstadt Salzgitter-Bad

Schöppenstedt und Umgebung

Von Ursula Hanke

Schöppenstedt liegt zwischen den Höhenzügen Elm und Asse im östlichen Teil des Landkreises Wolfenbüttel. Es wurde im Jahre 1051 erstmals urkundlich unter dem Namen »Sciphinstete« erwähnt. Der Name geht wahrscheinlich auf das Wort scep (Schiff) zurück, es weist auf die Schiffbarkeit des Flusses Altenau hin.

Die Stadt Schöppenstedt hat viel Interessantes zu bieten, wie zum Beispiel das Eulenspiegelmuseum und das Eulenspiegel-Abenteuerland. Diese Einrichtungen sind zu Ehren Till Eulenspiegels hier errichtet worden, der um 1300 in Kneitlingen am Elm geboren sein soll. Hier in Schöppenstedt dreht sich überhaupt vieles um diesen Schelm, und manchmal hat man den Eindruck, er treibt auch heute noch Schabernack. Berühmt wurde Schöppenstedt als die Stadt der Streiche. Erwähnt werden diese zuerst 1619 in einer von einem unbekannten ehemaligen Schöppenstedter Schulmeister verfassten Handschrift, die das Königliche Museum in Kopenhagen aufbewahrt. Die Sammlung enthält drei Streiche, die von einem entlaufenen Dieb, einer vergeblichen Wolfsjagd und der Samtmütze des Bürgermeisters handeln.

Die Umgebung Schöppenstedts lädt zum Wandern ein. Der Elm, vielen sicher aus Kreuzworträtseln bekannt, ist ein wunderschöner, bewaldeter Mittelgebirgszug mit vielen nicht zu anspruchsvollen Wanderrouten. Neben Schöppenstedt gehören zu der gleichnamigen Samtgemeinde die Dörfer Ampleben, Bansleben, Berklingen, Groß- und Klein Dahlum, Eitzum, Eilum, Kneitlingen, Mattierzoll, Uehrde, Groß- und Klein Vahlberg, Warle, Watzum und Winnigstedt.

Blick auf Schöppenstedt

Ruhe vor dem Sturm – Freibad Schöppenstedt

Weincreme

5 Eigelb	mit
250 g Zucker	weißcremig rühren. Saft und Schale von
1 unbehandelte Zitrone	in eine Schüssel geben und mit
125 ml Weißwein	auffüllen, zur Eigelbcreme geben.
5 Blatt weiße Gelatine	in Wasser einweichen, in wenig Weißwein auflösen und unter die Creme rühren. Wenn die Masse anfängt zu gelieren,
5 Eiweiß	steif schlagen unterheben. Eine Glasschüssel mit
Kirschen oder Makronen	auslegen und die Creme darüberfüllen.

Till Eulenspiegel wurde im Jahre 1300 im Elmdorf Kneitlingen geboren.

Blick auf den Elm

Bratapfelauflauf mit Marzipanguss

4 Äpfel	schälen, halbieren und das Kerngehäuse ausstechen. In eine mit
Butter	gefettete Auflaufform legen und mit
Rosinen (nach Geschmack)	füllen.
100 g Marzipan	würfeln, dann mit
2 Eier	und
50 g Zucker	pürieren.
300 g Crème fraîche	und
1 Pck. Vanille-Soßenpulver	ebenfalls unterrühren. Alles in die Form gießen und bei 200 °C etwa 50 Minuten backen.

Crêpes mit Brombeersoße

200 g Mehl	mit
2 EL Speisestärke	und
4 Eier	
1 Prise Salz	
500 ml Milch	sowie
100 g flüssige Butter	zu einem glatten Teig verrühren. Den Teig mindestens 30 Minuten quellen lassen. Anschließend in einer mit
Butter oder Margarine	gefetteten Pfanne portionsweise etwa 16 Crêpes backen. Für die Soße
500 g Brombeeren	mit
2 EL Ahornsirup	und
2 EL Rum	einmal aufkochen und pürieren. Die Soße getrennt dazu servieren.

> Dazu schmeckt Vanilleeis.

Herrenhaus in Achim

Nuss-Schuhsohlen mit Obstsalat

250 g Erdbeeren	putzen, waschen und halbieren.
2 Kiwis	sowie
2 Bananen	schälen und in Scheiben schneiden.
1 großer Apfel	vierteln, das Kerngehäuse entfernen und in Stücke schneiden. Den Saft von
½ Zitrone	mit
1 EL Zucker	verrühren, das gesamte Obst damit marinieren und 30 Minuten zugedeckt durchziehen lassen.
8 – 12 dicke Scheiben Vollkornbaguette	in eine flache Auflaufform legen.
300 ml Milch	mit
2 Eier, 2 EL Zucker	und
1 Prise Zimt	verquirlen. Die Eiermilch über die Baguettescheiben gießen, ab und zu wenden, bis die Milch aufgesogen ist. Die Brotscheiben auf einer Seite mit
50 g Haselnussblättchen	bestreuen und leicht andrücken.
30 g Butter	in einer Pfanne erhitzen und die Brotscheiben von jeder Seite 2 bis 3 Minuten braten. Die Nuss-Schnitten mit dem Obstsalat auf einer Platte anrichten und mit
300 g Vanillejoghurt	servieren.

Mühlenteich Achim

107

Orangenparfait mit heißen Himbeeren

1 Bio-Orange	waschen, die Schale dünn abreiben und die Orange anschließend schälen. Die weiße Haut entfernen und die Filets zwischen den Trennhäuten herauslösen. Eine Kastenform (18 bis 20 cm) mit Klarsichtfolie auslegen und die Filets darin verteilen.
3 Eier	mit der geriebenen Orangenschale und
75 g Zucker	
100 ml Orangensaft	im heißen Wasserbad dickcremig aufschlagen, herausnehmen und kalt schlagen.
200 ml Sahne	steif schlagen und unterheben. Die Masse auf die Filets streichen, mit Folie abdecken und 5 Stunden einfrieren.
150 g TK-Himbeeren	pürieren und mit
1 EL Zucker	sowie
6 EL Wasser	aufkochen.
½ – 1 TL Speisestärke	mit etwas Wasser verrühren, die Himbeeren damit binden und kurz köcheln lassen.
150 g TK-Himbeeren	unterheben. Das Parfait in Scheiben schneiden und mit den heißen Himbeeren anrichten.

108

Käsemarkt im Schlossinnenhof Wolfenbüttel

Holzbrücke Wolfenbüttel-Auguststadt

Äpfel im Schlafrock

125 g Mehl (Type 405)	und
125 g Weizen-Vollkornmehl	
1 TL Backpulver	
1 Ei	sowie
125 g Fett	nacheinander in eine Rührschüssel füllen und mit den Knethaken zu einen Teig verarbeiten.
7 Äpfel	schälen und das Kerngehäuse ausstechen. Den Teig ausrollen, in 7 Quadrate schneiden und je einen Apfel aufsetzen.
Erdbeermarmelade	und
gehackte Mandeln	in die Äpfel füllen. Die Teig-Ecken jeweils über den Äpfeln zusammenfassen. Dann jeden Apfel in der Hand rollen. Ein Backblech mit Backpapier auslegen, die Äpfel aufsetzen und 25 Minuten bei 200 °C backen.

109

Altes Fachwerkhaus in Wolfenbüttel

Fachhochschule in Wolfenbüttel

Apfelblätterteig von Oma Inge

500 g Butter	mit
500 g Mehl	
1 Ei	und
2 EL saure Sahne	zu einem Teig verarbeiten und über Nacht in den Kühlschrank stellen.
750 g Äpfel	schälen, Kerngehäuse entfernen und in dünne Scheiben schneiden. Den Teig in zwei Teilen dünn ausrollen. Eine Teigplatte auf ein Blech legen, die Apfelspalten darauf verteilen und mit der Teigdecke abschließen. Bei 175 °C etwa 20 bis 30 Minuten backen. Etwas
Puderzucker	mit wenig
Zitronensaft	zu einem festen Guss verrühren und den Kuchen damit bestreichen.

An einem Baum und so verschieden

Buntes Markttreiben in Wolfenbüttel

Gedeckter Apfelkuchen

300 g Mehl	in eine Schüssel sieben.
200 g kalte Butter	in Flöckchen hinzufügen.
125 g Zucker	und
1 Prise Salz	
1 Msp. Backpulver	dazugeben, alles schnell verkneten und den Teig 1 Stunde kalt stellen.
750 g Äpfel	in kleine Stücke schneiden, mit etwas
Zitronensaft	beträufeln und mit
1 EL Zucker	
½ TL Zimt	
3 EL Mandelblättchen	in
2 EL Butter	andünsten. Nach Belieben noch
100 g Rosinen	dazurühren. Eine Springform mit
Butter oder Margarine	ausstreichen. Mit etwas
Mehl	ausstreuen. Mit zwei Dritteln des Teiges den Boden und Rand der Form auskleiden.
2 EL Semmelbrösel	auf den Boden streuen und die Apfelmasse einfüllen. Den restlichen Teig dünn ausrollen und auf die Äpfel legen. Die Ränder gut andrücken und den Deckel mit
1 – 2 EL Sahne	bestreichen. Bei 200 °C etwa 45 Minuten backen.

111

Golfspieler in Kissenbrück

Restaurant am Golfplatz Kissenbrück

Blaubeerkuchen

125 g Mehl	mit
3 EL Grieß	und
65 g Zucker	
1 Prise Salz	
65 g Butter	
½ TL Backpulver	sowie
1 Ei	zu einem festen Knetteig verarbeiten, in eine gefettete Springform füllen und den Rand hochziehen.
3 Zwiebäcke	reiben und auf den Boden streuen. Nun 30 bis 35 Minuten bei 200 °C backen.
750 – 1000 g Blaubeeren (frisch oder TK)	mit
150 g Schmand	
100 g Zucker	
3 TL Speisestärke	und
1 Eigelb	verrühren.
1 Eiweiß	steif schlagen, unterheben und die Masse auf den Kuchen streichen. Weitere 10 bis 15 Minuten backen.

Backhaus in Neindorf

Dä Osterkauken

Von Erika Pansegrau

Ick sitte inne Kööke un roire mien'n Kaukendaich. Morjen is Ostern, un da mot'n Kauken opm Dische stahn. Bi'n Roiren erinnere ick mick an miene Kindertied. Da make Mudder vorr'n Feste in'n grotn Backetrog 'n orndlichen Hefedaich, un denn word bi'n Bäcker Zuckerkauken ebacket. Aber nich ain'n, nä, wi harrn ne hölterne Kaukenkiepe, da passen sewen Kauken rin, un sau veel worrn denn ook ebacket!

Morjens froih stund Mudder all an'n Backetrog un make dän Daich. Se kamm orndlich in't Sweetn, denn inne Köke was et warm, und ä Daich mosste ja mächtich bearbeitet't weern. Wenn hai fertich was, hat se ne inne Schöttel edahn un jimng damidde nahn Bäcker. Dä andern Frunslüe in Dörpe maken det ook sau, un manichmal konn'n wie Kinder ook midde. Oh, dä grote Backoobm! Dä Bäcker mangele nu den Daich ut, dee en op't Blech, un denn mossten den Frunslüe sülmst Botter un Zucker drop daun. Dabi konn'n wie Kinder denn hilpm. Nu kamm dä Kauken in'n groten Oobm. Dä Bäcker sä üsch denn noch, wann hai fertich ebacket wörre, un wann wi ne haaln sölln. Tau dä Tied ging Mudder dann mit dä Kaukenkiepe los. Wi het tau Huse drop etoiwet, un wenn se kamm, het wie nich nahlaaten, se mosste erst'n paar Striepm affsnieen. Ach, dä frische Kauken rook sau fain u hat esmecket! Jeder keek jenau hen, dat hei'n schönet Botterlock kreech! Späder, nah'n Feste, wenn dä Kauken all'n bettn dröje was, het wi ne in'n Kaffee estippet – eschmecket hat hai ümmer, frisch un dröje!

Alte Backformen

Apfel-Mohnkuchen

250 g Mehl	mit
125 g Zucker	
150 g Fett	sowie
4 Eigelb	zu einen Teig kneten, ausrollen und in eine Springform legen. Den Rand 2 cm hochziehen.
600 g Äpfel	schälen, Kerngehäuse entfernen und würfeln. In
150 ml Apfelsaft	weich kochen.
1 Pck. Vanille-Puddingpulver	mit
2 EL Apfelsaft	glattrühren, die Apfelmasse damit binden und auf den Teig füllen.
250 g Mohn-Fertigmasse	mit
3 Eier	und
1 Eiweiß	verrühren und über die Äpfel streichen. Bei 175 °C etwa 35 Minuten backen.
3 Eiweiß	steif schlagen, dabei
125 g Zucker	einrieseln lassen und sofort auf den vorgebackenen Kuchen streichen. Weitere 20 bis 25 Minuten backen.

Eine Vielfalt von Brotaufstrichen

Aprikosenkuchen

200 g Mehl	mit
75 g Zucker	und
100 g Margarine	
1 Eigelb	
2 TL Backpulver	
1 Pck. Vanillezucker	sowie
1 Prise Salz	zu einem Mürbeteig verkneten. In eine Springform legen und einen Rand hochziehen.
100 g geriebene Mandeln	mit
100 g Puderzucker	
125 ml Sahne	und
1 Ei	verrühren, auf den Mürbeteig gießen.
500 g Aprikosenhälften (aus der Dose)	auf dem Belag verteilen. Bei 200 °C etwa 45 Minuten backen.

115

Rhabarberkuchen vom Blech

375 g Mehl	mit
1½ TL Backpulver	
80 g Zucker	
6 Eigelb	und
200 g Margarine	zu einem Mürbeteig verarbeiten und auf der Fettpfanne oder einem tiefen Backblech verteilen.
1 kg Rhabarber	putzen und in Stücke schneiden.
6 Eiweiß	zu festem Eischnee schlagen.
375 g Zucker	einrieseln lassen und den Rhabarber unterheben. Die Masse auf dem Teig verteilen und bei 180 °C auf mittlerer Schiene etwa 40 bis 50 Minuten backen.

Gerste

Schokoladenkuchen

200 g Butter oder Margarine	mit
200 g Zucker	cremig rühren.
4 Eier	einzeln unter die Masse rühren.
200 g Mehl	mit
½ Pck. Backpulver	mischen und unter die Masse mischen. Den Rührteig auf ein mit Backpapier ausgelegtes Backblech streichen und bei 200 °C etwa 30 Minuten backen. Aus
1 l Milch	
4 EL Zucker	
2 Pck. Vanille-Puddingpulver	nach Anleitung einen Pudding kochen und auf dem abgekühlten Boden verteilen. Mit
200 g Butterkekse	belegen. Aus
250 g Puderzucker	
2 EL Kakao	
2 Eier	und
150 g Kokosfett	eine Glasur rühren und gleichmäßig auf dem Kuchen verteilen.

Blick auf die Valberger Kirche

Rittergut Valberg

Mohnkuchen

250 g Butter oder Margarine	mit
160 g Zucker	und
4 Eier	schaumig rühren.
300 g Mehl	sowie
1 Pck. Backpulver	
250 g Schmand	
2 Pck. Mohn-Fertigmasse	unterrühren. Den Rührteig auf ein Backblech geben etwa 20 bis 30 Minuten bei 175 °C backen. Wenn der Kuchen aus dem Ofen kommt, sofort
200 ml Sahne	auf dem Kuchen verteilen. Für den Guss
50 g Kokosfett	sowie
200 g Zartbitterschokolade	schmelzen und auf dem Kuchen verteilen.

117

Klatschmohn

Storchennest in Seinstedt

Ernas Apfelstrudel

Das Lieblingsrezept vom Obsthof Halbhuber

500 g Mehl	mit
2 Msp. Backpulver	
1 Prise Salz	
2 Eier	
140 g Zucker	und
300 g Butter	zu einem Mürbeteig verkneten. Am besten über Nacht in den Kühlschrank stellen. Den Teig halbieren und jeweils zu einer Kugel formen. Auf einem bemehlten Geschirrtuch hauchdünn ausrollen.
100 g Butter	zerlassen und den Teig mit einem Teil davon bestreichen.
50 g Semmelbrösel	darauf verteilen. Für die Füllung
1½ – 2 kg Äpfel	schälen, vierteln und in dünne Scheiben schneiden. Sofort mit etwas
Zitronensaft	beträufeln.
80 g Zucker	
50 g Rosinen	und nach Belieben
50 – 100 g gemahlene Nüsse oder Mandeln	unterrühren. Mit etwas
Zimt	abschmecken. Wer mag gibt noch
2 cl Rum	dazu. Die Füllung auf dem Teig verteilen, dabei die Ränder 3 cm frei lassen. Die Ränder über die Füllung klappen und andrücken. Die Strudel aufrollen und auf zwei Backbleche legen. Mit einem Teil der zerlassenen Butter bestreichen und bei 180 °C etwa 40 bis 50 Minuten backen. Nach 30 Minuten Backzeit mit der restlichen Butter bestreichen. Vor dem Servieren mit
Puderzucker	bestreuen.

**Wappen der Welfen
am Schlossportal in Wolfenbüttel**

Sprüche rund um die Küche

Ein gutes Essen ist Balsam für die Seele.
(Sprichwort aus Tadschikistan)

Die Königin der Küche ist die Phantasie.
(Sprichwort)

Eine gute Küche ist das Fundament allen Glücks.
(Sprichwort)

Der Magen eines gebildeten Menschen hat die besten Eigenschaften eines edlen Herzens: Sensibilität und Dankbarkeit.
(Alexander Sergejewitsch Puschkin)

Als ob es eine Kunst wäre, mit viel Geld ein anständiges Mahl herzurichten! Kinderleicht ist das, der größte Esel bringt das zuwege. Wer sein Handwerk versteht, der braucht wenig Geld und kocht trotzdem gut.
(Jean-Baptiste Molière)

119

Ein guter Koch ist ein guter Arzt.
(Sprichwort)

Es schmeckt nirgends besser als am eigenen Tisch.
(Sprichwort aus Holland)

Wappen der Stadt Wolfenbüttel

Wattekuchen (Sandkuchen)

4 Eier	mit
1 Pck. Puderzucker	
250 g Weizenstärke	und
½ Pck. Backpulver	verrühren
250 g Butter	erwärmen, die warme Butter etwa 5 Minuten unter die Eimasse rühren. Etwa 45 Minuten bei 175 °C (Ober- und Unterhitze) backen.

Mühle Hedeper

Mühlstein in Schöppenstedt-Eitzum

Streuselkuchen mit Äpfeln

350 g Mehl	mit
100 g Butter	und
100 g Zucker	
1 großes Ei	
2 TL Backpulver	sowie
1 Pck. Vanillezucker	zu einem Streuselteig verarbeiten. Die Hälfte der Streusel in eine gefettete Springform drücken.
800 g Schmand	mit
100 g Zucker	und
1 Pck. Vanille-Puddingpulver	verrühren.
5 Äpfel	schälen, vierteln, Kerngehäuse entfernen und in feine Spalten schneiden. Mit dem Schmand vermengen und auf die Streusel füllen. Die restlichen Streusel darüberstreuen. Den Kuchen bei 180 °C etwa 1 Stunde backen.

> Verdoppelt man den Teig, kann der Kuchen auch in einer Fettpfanne oder einem tiefen Backblech gebacken werden.

121

Kreisverband der Landfrauenvereine
Wolfenbüttel - Salzgitter

Landvolk
Niedersachsen

Erntepyramide

Kuh Lisa

3-Tage-Torte

200 g Margarine	mit
280 g Zucker	
4 Eier	in eine Schlüssel geben und schaumig rühren.
200 g Mehl	sowie
2 TL Backpulver	dazugeben und vermengen. Ein Drittel des Teiges in eine Springform geben und bei 170 °C etwa 30 Minuten backen.
1 EL Milch	
2 EL Kakao	unter den restlichen Teig mengen. Daraus 2 weitere Böden backen. Alle Böden nach dem Backen mit
Rum	beträufeln.
500 ml Sahne	mit
2 Pck. Sahnesteif	steif schlagen.
500 g Schmand	und etwas
Zucker	unterheben.

> Die Torte 3 Tage in den Kühlschrank stellen. Nicht zudecken!

122

Der Tortenaufbau

Ein dunkler Boden, dann die Hälfte der Sahnemischung aufstreichen, ein heller Boden, dann die restliche Sahnemischung aufstreichen, abschließend ein dunkler Boden.

250 g Puderzucker	mit
3 cl Rum	zu einer Glasur vermengen und über die Torte ziehen. Mit
Kakao	bestreuen.

Blick auf Groß Biewende

Segelflugplatz in Linden

Gretes feine Apfeltorte

150 g Butter	mit
150 g Zucker	schaumig rühren.
2 Eier	nacheinander unterrühren.
150 g Mehl	mit
1 gestr. EL Backpulver	vermischen und zusammen mit
2 EL Rum	unterrühren. Den Teig in eine Springform geben.
½ TL Zimt	auf den Teig streuen.
750 g Äpfel	schälen, vierteln, Kerngehäuse entfernen, längs einritzen. Auf dem Teig verteilen und leicht in den Teig drücken. Bei 200 °C etwa 45 Minuten backen, dann aus der Form nehmen und mit
3 EL Quittengelee	bestreichen.

Blick auf den Ösel

Eingang zum Apfelhof

Friesen-Torte

100 g weiche Butter	mit
100 g Zucker	
1 Pck. Vanillezucker	und
1 Prise Salz	schaumig rühren.
4 Eigelb	einzeln unterrühren.
150 g Mehl	mit
2 TL Backpulver	mischen und mit
1 – 2 EL Wasser	portionsweise unterrühren.
4 Eiweiß	mit
1 Prise Salz	steif schlagen, dabei
200 g Zucker	einrieseln lassen. Weiterschlagen, bis sich der Zucker vollständig gelöst hat. Die Hälfte des Teiges in eine gefettete Springform (Ø 26 cm) streichen und dann die Hälfte des Eischnees darauf streichen. Mit
50 g Mandeln	bestreuen. Im vorgeheizten Ofen bei 200 °C Ober- und Unterhitze (Umluft: 175 °C) etwa 30 Minuten backen. Aus der Form lösen und abkühlen lassen. Den zweiten Boden ebenso backen. Den Tortenring um einen Boden legen.
800 g Sauerkirschen (aus dem Glas)	gut abtropfen lassen, den Saft auffangen. Die Kirschen auf dem Boden verteilen. Den Saft mit Wasser auf 250 ml auffüllen.
1 Pck. roter Tortenguss	mit
1 geh. EL Zucker	mischen und mit dem Saft verrühren. Unter Rühren aufkochen lassen und über die Kirschen geben, auskühlen lassen.
500 ml Sahne	mit
2 Pck. Sahnesteif	und
1 Pck. Vanillezucker	steif schlagen und auf die Kirschen streichen. Den zweiten Boden daraufsetzen und mit
Puderzucker	bestäuben.

> Statt Kirschen können auch Stachelbeeren verwendet werden.

124

Kirschbaum am Wegesrand

Rhabarbertorte

200 g Mehl	mit
140 g Margarine	
75 g Zucker	
1½ TL Backpulver	
1 Ei	und der abgeriebenen Schale von
1 unbehandelte Zitrone	zu einem Mürbeteig verkneten. Eine Springform damit auslegen und mit
2 EL Semmelbrösel	bestreuen.
1 kg Rhabarber	putzen, waschen und in Stücke schneiden. Mit
200 g Zucker	bestreuen und auf dem Mürbeteig verteilen. Bei 185 °C Umluft etwa 30 Minuten backen.
3 Eigelb	mit
125 g Zucker	cremig schlagen.
500 ml Sahne	
3 EL geriebene Nüsse	und
50 g Semmelbrösel	darunterziehen.
3 Eiweiß	steif schlagen und vorsichtig unterheben. Die Masse auf dem vorgebackenen Kuchen verteilen und weitere 30 Minuten backen.

Tortenbuffet

Käsetorte

200 g Margarine	mit
250 g Zucker	
6 Eier	
1 Pck. Vanillezucker	
1 kg Magerquark	und
1 TL abgeriebene Zitronenschale	schaumig rühren.
100 g Mehl	mit
1 TL Backpulver	mischen und unterrühren. Eine Springform einfetten, mit
Semmelbrösel	ausstreuen und die Quarkmasse einfüllen. Bei 175 °C etwa 80 bis 90 Minuten backen. In der Form auskühlen lassen.

> Je nach Geschmack die Hälfte des Teiges in die Form einfüllen und z.B. mit Birnen, Kirschen oder Mandarinen belegen, dann mit dem restlichen Teig abdecken und anschließend backen.

Haselnusstorte

3 Eier	mit
250 g Zucker	und
2 Pck. Vanillezucker	schaumig rühren.
125 ml Öl	und
125 ml Milch	
250 g Mehl	
250 g gemahlene Haselnüsse	sowie
1 Pck. Backpulver	unterrühren. Den Teig in eine Form geben und etwa 1 Stunde bei 180 °C backen.

> Den erkalteten Kuchen mit einer Haselnussglasur bestreichen.

Gutsgarten in Küblingen

Henriette Breymann –
Mitbegründerin der Frauenbildung

Henriette Breymann

Eine der bedeutendsten Persönlichkeiten, die in Watzum wirkten, war sicherlich Henriette Breymann (*14. September 1827, † 25. August 1899), die Tochter des Watzumer Pastors, Carl Anton Ferdinand Christian Breymann. Sie war entscheidend an der Entwicklung von Kindergärten in Deutschland beteiligt und engagierte sich für die Bildung und Erziehung junger Mädchen.

Ganz im Sinne ihres Großonkels, Friedrich Fröbel, war sie zeitlebens von der Vision der »Lebenseinigung« erfüllt, von der Bedeutung der »Bildung der Mütter als Erzieherinnen der künftigen Generation einer neuen Menschheit«. Damit war ein Grundstein für die Professionalisierung des erzieherischen Berufsstandes gelegt. Im Vordergrund stand dabei die kindgerechte Erziehung und den Eltern in Erziehungsfragen zur Seite zu stehen. Sie prägte den Bildungsbegriff von der »Geistigen Mütterlichkeit«. Sie war eine der führenden Vertreterinnen einer gemäßigten Frauenemanzipation und vertrat Deutschland anlässlich der Weltausstellung 1893 in Chicago zu den Themenfeldern »Kleinkinderfürsorge und Frauenbildung«.

Im Watzumer Pastorenhaus führte sie von 1854 bis 1864 ein Mädchenpensionat, das bald internationalen Ruf erlangte. Nachdem dort die Verhältnisse wegen der großen Nachfrage zu beengt wurden, verlegte sie das Breymannsche Institut nach Wolfenbüttel und nannte es »Neu Watzum«. Späterhin war sie in Berlin tätig. Das dort noch heute bestehende Pestalozzi-Fröbel-Haus, eine Fachschule für Erzieher/innen, ist ein bedeutendes Ergebnis ihrer Schaffenskraft.

(Auszug aus Watzumer Chronik W. Lehmann)

127

Quark-Mandarinen-Torte

150 g Mehl	mit
150 g Butter	und
1 Pck. Vanillezucker	
½ TL Backpulver	
2 Eigelb	sowie
1 TL Essig	zu einem Mürbeteig verkneten. Den Teig halbieren und 2 Springformen damit auslegen. Bei 180° C etwa 12 Minuten backen. Einen Boden sofort in 16 Stücke schneiden.
250 g Quark	mit
100 g Puderzucker	und
1 EL Zitronensaft	verrühren.
6 Blatt Gelatine	auflösen und unter die Quarkmasse rühren.
250 ml Sahne	steif schlagen.
2 Eiweiß	steif schlagen und zusammen mit der Sahne unter die Quarkmasse heben. Von
850 g Mandarinen (aus der Dose)	16 Spalten für die Verzierung an die Seite legen und die restlichen Mandarinen unter die Quarkmasse heben. Den Boden mit einem Tortenring umschließen und mit der Quarkmasse füllen. Die 16 anderen Teigstücke auf die Masse legen und die Torte kühl stellen. Mit den restlichen Mandarinen und
Puderzucker	verzieren.

Winterlandschaft in Wolfenbüttel-Ahlum

Rotkäppchentorte

800 g Sauerkirschen (aus dem Glas)	abtropfen lassen, den Saft dabei auffangen.
100 g Margarine	mit
150 g Zucker	
3 Eier	
1 Pck. Vanillezucker	schaumig rühren.
150 g Mehl	und
2 TL Backpulver	in die schaumige Masse rühren. Die Hälfte des Teiges in eine gefettete Springform streichen.
3 EL Nuss-Nougat-Creme	unter den restlichen Teig rühren und auf den hellen Teig streichen. Die Kirschen, bis auf einige zum Verzieren, darauf verteilen. 40 bis 50 Minuten bei 150 °C Umluft backen und auskühlen lassen.
500 ml Sahne	steif schlagen.
3 Pck. Sahnesteif	unterrühren.
500 g Speisequark	mit
50 g Zucker	
1 Pck. Vanillezucker	verrühren und die Sahne unterheben. Einen Tortenring um den Boden legen, die Quarkmasse auf den Boden streichen, kalt stellen. Den Kirschsaft mit Wasser auf 400 ml auffüllen, dann mit
2 Pck. roter Tortenguss	und
50 g Zucker	nach Anleitung einen Guss herstellen, auf die Creme streichen.

129

> Den fertigen Kuchen mit Kirschen und Sahne verzieren.

Süßkirschen

Blitztortenboden

4 Eier	mit
9 EL Öl	
9 EL Mehl	
9 EL Zucker	
1 Pck. Vanillezucker	und
½ Pck. Backpulver	mit dem Mixer auf höchster Stufe 5 Minuten schaumig rühren. Den Teig in eine vorbereitete Form füllen und bei 200 °C etwa 25 Minuten backen.

Nach Belieben mit Früchten belegen oder durchschneiden und mit einer Creme füllen.

Linde von 1621 in Groß Vahlberg

LandFrauenarbeit verbindet

LandFrauentorte

150 g Mehl	mit
1 TL Backpulver	und
65 g Zucker	
1 Pck. Vanillezucker	
65 g Butter	sowie
1 Ei	zu einem Mürbeteig verarbeiten. Eine Springform mit dem Teig auslegen, einen Rand hochziehen und bei 170 °C etwa 10 Minuten hell backen.
800 g Sauerkirschen (aus dem Glas)	Kirschen und Saft mit
100 g Zucker	verrühren, mit
40 g Speisestärke	andicken, in den Saft einrühren, aufkochen lassen und auf den Mürbeteigboden geben.
500 g Quark	mit
100 g Zucker	
3 Eigelb	und
½ Flasche Zitronenaroma	gut verrühren.
3 Eiweiß	steif schlagen und unter die Quarkmasse heben. Alles auf den Kirschen verteilen, nochmals bei 170 °C etwa 20 Minuten goldgelb backen.

131

Biogasanlage der Agrar-Gas Denkte
in Sottmar

Donnerburgbrücke Klein Denkte –
erstmals erwähnt 1385

Mohrenkopftorte

170 g Margarine	schaumig rühren. Nach und nach
340 g Zucker	sowie
6 Eier	unterrühren.
340 g Mehl	mit
1 TL Backpulver	mischen und unterziehen. Aus dem Teig 5 Böden jeweils 3 Minuten bei 200 °C backen. Aus
900 ml Milch	und
2 Pck. Vanille-Puddingpulver	
4 EL Zucker	nach Packungsanweisung einen Pudding kochen. 4 Böden damit bestreichen und übereinandersetzen, dann den 5. Boden auflegen. Für den Guss
250 g Puderzucker	mit
3 EL Kakao	und
50 ml starker Kaffee	vermischen.
60 g Kokosfett	schmelzen, leicht abkühlen lassen und unterrühren. Die Torte mit dem Guss bestreichen.

Blick auf Groß Denkte

Vanille-Mandarinen-Torte

150 g Mehl	mit
75 g Margarine	
65 g Zucker	
1 TL Backpulver	und
1 Ei	zu einem Mürbeteig verarbeiten und in eine Springform (Ø 28 cm) füllen.
525 g Mandarinen (aus der Dose)	auf ein Sieb geben, den Saft auffangen.
2 Pck. Vanille-Puddingpulver	mit
500 ml Milch	
200 g Zucker	zu einem Pudding kochen.
700 g Schmand	unter den Pudding ziehen und auf dem Tortenboden verteilen. Zum Schluss die Mandarinen auf den Belag legen. Bei 175 °C etwa 60 bis 70 Minuten backen. Die Torte kalt stellen.
1 Pck. roter Tortenguss	mit 250 ml Mandarinensaft nach Anleitung zubereiten und über die Torte gießen.

133

Zebra-Torte

3 Eiweiß	steif schlagen.
3 Eigelb	mit
3 EL heißes Wasser	schaumig schlagen, dabei
75 g Zucker	einrieseln lassen.
90 g Mehl	mit
1 Pck. Schoko-Puddingpulver	sowie
1 TL Backpulver	mischen und auf die Eigelbmasse sieben. Darauf den Eischnee geben und alles unterheben. Den Teig in eine gefettete Springform geben und bei 190 °C etwa 25 Minuten backen. Den erkalteten Tortenboden auf eine Tortenplatte legen.

Die Creme

4 Eigelb	mit
200 g Zucker	über einem heißen Wasserbad schaumig schlagen.
250 ml Milch	aufkochen und unter die Eigelbmasse rühren.
10 Blatt Gelatine	auflösen, ausdrücken und unter die Masse rühren.
250 g Magerquark	mit dem Saft von
1 Zitrone	unter die Eimasse ziehen.
500 ml Sahne	steif schlagen und (bis auf einen kleinen Teil zum Verzieren) unter die Creme heben. Die Creme halbieren, unter eine Hälfte
2 EL Kakao	rühren. Auf die Kuchenmitte je eine Schöpfkelle helle und dunkle Creme im Wechsel geben (die Creme darf nicht zu fest sein), bis alles verbraucht ist.

> Die Torte kühlen und z.B. mit Schoko-Mikadostäbchen verzieren.

Alter Förderturm in Salzgitter

Wirtschaftsstandort Salzgitter

Von Andrea Kempe und Simone Hagemann

Salzgitters Ursprung liegt im Bergbau. Am Zeichenbrett entworfen, wurde im Juli 1937 ein modernes Hüttenwerk aus dem Boden gestampft – so wie die zukünftige Stadt Salzgitter selbst. Für den Standort sprach insbesondere der Mittellandkanal, von dem ein Stichkanal zum Hüttenwerk ausgehoben wurde. Das Werk erhielt einen Hafen beim Dorf Beddingen. Landwirte wurden enteignet und umgesiedelt, allerbeste Böden in Industriegebiete umgewandelt.

Die Salzgitter AG produziert in ihrem Hüttenwerk oberflächenveredelte Stahlprodukte, vorrangig für die Automobil- und Haushaltsgeräteindustrie. Mit anderen Tochtergesellschaften, zum Beispiel in Ilsenburg und Peine, sind am Standort Salzgitter etwa 8000 Mitarbeiter beschäftigt. Nur in Salzgitter besteht bundesweit die Möglichkeit eines der modernsten Hüttenwerke Europas zu besichtigen und dabei einem Stahlkocher über die Schulter zu sehen. Neben den Stahlwerken bieten Firmen wie Alstom LHB, Bosch Elektonik GmbH, MAN Truck & Bus AG und das Volkswagenwerk Salzgitter rund 50 000 Arbeitsplätze für die Region. Noch heute ist der Bergmannsgruß »Salzgitter – Glück Auf« bei offiziellen Anlässen zu hören. Möge der Hochofen nie ausgehen.

135

Stahlwerk in Salzgitter

Salzgitter Erzbergbau AG 1937 bis 1976

Weiße Mousse au Chocolat-Torte

Der Mürbeteig

125 g Mehl	mit
50 g Zucker	
1 Pck. Vanillezucker	
75 g Butter	und
1 Prise Salz	zu einem Mürbeteig verkneten. Eine Springform mit dem Teig auslegen und bei 160 °C etwa 15 Minuten backen.

Der Biskuitteig

4 Eier	mit
125 g Zucker	sehr schaumig schlagen.
100 g Mehl	mit
15 g Kakaopulver	

Die Blide – Nachbau einer mittelalterlichen Steinschleuder

Aussichtsturm auf dem Bergfried Heinrich des Löwen

½ TL Backpulver	vermischen, unter die Eimasse ziehen und kurz mit dem Mixer auf niedrigster Stufe unterrühren. Den Teig in eine Springform füllen. Mit
100 g gehackte Mandeln	bestreuen. Bei 160 °C etwa 25 Minuten backen, auskühlen lassen. In der Zwischenzeit

Die Füllung

	zubereiten.
150 ml Milch	erhitzen
150 g weiße Schokolade	darin auflösen.
4 Blatt Gelatine	in Wasser 10 Minuten einweichen, herausnehmen, ausdrücken und in der warmen Schokoladenmasse auflösen. Wenn die Masse kalt ist,
500 ml Sahne	steif schlagen und vorsichtig unter die Schokocreme heben. Auf eine Tortenplatte den Mürbeteig geben und den Tortenring umlegen. Die Hälfte der Mousse daraufstreichen. Den Biskuitboden waagerecht halbieren und einen Boden auf die Mousse legen. Die restliche Mousse aufstreichen, mit dem zweiten Boden belegen.

137

Für 2 Stunden in den Kühlschrank stellen, den Tortenring entfernen und die Torte nach Lust und Laune verzieren.

Salzgitter-Lichtenberg

Blick über einen Zuckerrübenacker
zu den Lichtenbergen

Walnuss-Sauerrahm-Torte

200 g Butter	mit
100 g Zucker	und
1 Pck. Vanillezucker	schaumig rühren.
1 Ei	unterrühren.
50 g Walnüsse	und
450 g Mehl	unterkneten. Den Teig vierteln und die Böden nacheinander bei 180 °C etwa 15 bis 20 Minuten backen. Die Böden auskühlen lassen.
300 ml Sauerrahm	mit
300 g gemahlene Walnüsse	
150 g Zucker	und
1 Pck Vanillezucker	verrühren, die Böden damit bestreichen und übereinander setzen. Anschließend die Torte für mindestens 1 Tag im Kühlschrank ziehen lassen.

> Vor dem Verzehr
> mit Sahne
> verzieren.

Historischer Gullideckel der Stadt Salzgitter

STADT SALZGITTER
19 42
STADTENTWÄSSERUNG

Brownies

Die Mengen sind ausreichend für 30 Stück und ein Backblech von 30 x 28 cm.

140 g Butter	schmelzen und etwas abkühlen lassen.
4 Eier	mit
340 g brauner Zucker	
1 Pck. Vanillezucker	und
1 Prise Salz	schaumig schlagen. Die flüssige Butter dazugeben.
140 g Mehl	mit
75 g Kakao	mischen und unter die Teigmasse heben.
100 g Vollmilchschokolade	raspeln oder fein hacken und mit
100 g fein gehackte Walnüsse	ebenfalls zum Teig geben. Ein Backblech mit Backpapier auslegen, den Teig darauf verteilen und im vorgeheizten Backofen bei 175 °C etwa 35 bis 40 Minuten backen. Etwa 10 Minuten abkühlen lassen. Dann stürzen und das Backpapier abziehen.
150 g Kuvertüre	schmelzen und den Teig damit bestreichen. Sofort in Stücke schneiden und nach Belieben mit
Schokoladenherzen	verzieren.

Hüttengelände in Salzgitter-Lebenstedt

Müsliwürfel mit Rübensaft

100 g Datteln (halbtrocken)	in
100 ml Wasser	kochen, bis das Wasser verdampft ist. Anschließend pürieren und auskühlen lassen.
180 g Butter	in einem Topf schmelzen und darin
40 g Rübensaft	schmelzen. Abgekühlt mit
200 g zarte Haferflocken	sowie
100 g kernige Haferflocken	
1 Prise Salz	
1 Prise Zimt	
180 g brauner Zucker	mischen, pürierte Datteln hinzufügen und 2 cm dick auf ein Backblech streichen. Bei 160 °C etwa 20 Minuten backen. Anschließend in Würfel schneiden.

> Das Gebäck hält sich in einer geschlossenen Dose sehr gut.

140

Zuckerrübenernte in Hornburg

Rübenmiete im Morgendunst

Das gestörte Rübensaftkochen

Der Mensch, der auf dem Lande schafft,
streicht aufs Brot sich Rübensaft,
drum hat es mächtig ihn geniert,
als man die Pressen hat plombiert.

Doch mancher kehrt sich nicht dran,
ob Bauer oder Arbeitsmann,
so kam's dass auch beim Bauern Lochte,
trotz dem Verbot noch Saft man kochte.

Der Kessel war bis oben voll,
der Dampf aus Tür und Fenstern quoll,
und kräftig ward der Saft gerührt,
die weil das Feuer man geschürt.

Da schrillte laut ein Wehgeschrei,
und alles horchte, was es sei.
»Oh Gottegott, nä ditt Mallör,
in' Dörpe is en Kontrollör!«

Der Ruf schlug ein wie eine Bombe.
Dort stand die Presse, durch ne Plombe
Vor jedem Missbrauch wohlgeschützt
Und trotzdem listig doch benützt.

Sollt die Kontrolle dieses sehen,
so wärs um Lochtes Ruf geschehen.
War Lochte auch mit seiner Frau
In Schöppenstedt zur Tierbeschau.

Die Oma wurde wie zu Wachs
Und kriegte einen Nervenknax,
und auch die Nachbarin, so hilfreich
sind nach dem Wehschrei beide Knie weich.

Die Dritte zitternd schob den Pümpel
Sofort in allerlei Gerümpel
Und macht sich heimlich auf die Socken,
um sich nicht auch was einzubrocken.

Der Onkel Lochte's saß im Haus
Verspätet sich beim Frühstücksschmaus,
und kaute an dem letzten Bissen,
da ward die Tür weit aufgerissen,

und Oma und die Nachbarin
verletzten seinen Schönheitssinn,
indem sie, torkelnd auf den Beinen,
zu schrein begannen und zu weinen:

»O Gottegott, o dit Mallör,
in Dörpe is dä Kontrollör.«

(Verfasser: Dr. Gustav Jacobs, zur Verfügung
gestellt von Dorothea Willke)

141

Rübenernte

Apfelbrot

750 g Äpfel	waschen und fein raspeln.
100 g Zucker	mit
500 g Mehl	
1 EL Kakao	
1 TL Zimt	sowie
1½ TL Backpulver	in eine Schüssel geben und vermengen. Die Äpfel hinzufügen und zu einen Teig kneten.
200 g ganze Nüsse (gemischt)	unterkneten. Den Teig in eine mit Backpapier ausgelegte Kastenform füllen. Im vorgeheizten Backofen bei 180 °C etwa 1 Stunde backen.

142

Apfelbrot

LandFrauenschürzen gestärkt und einsatzbereit

Italienische Kekse

250 g Butter	mit
625 g Zucker	und
6 Eier	
3 EL Zimt	
10 Tropfen Bittermandelöl	
300 g gehackte Nüsse oder Mandeln	
700 g Mehl	sowie
1½ Pck. Backpulver	verkneten. Zum Schluss
100 g ganze Mandeln	unterkneten. Den Teig über Nacht im Kühlschrank ruhen lassen. Dann Rollen von 1,5 cm formen, auf ein mit Backpapier ausgelegtes Blech legen und mit den Fingern etwas platt drücken. Es entstehen etwa 12 Rollen für 3 Backbleche.
2 Eigelb	mit
1 – 2 EL Sahne	verrühren und die Rollen damit bestreichen. Bei 180 °C etwa 30 Minuten backen. Noch warm schräg in Scheiben schneiden und nochmals für 20 Minuten nachtrocknen lassen.

143

Flottschnitzel (für 2 Backbleche)

500 g Mehl	mit
500 g Margarine	und
2 EL Zucker	
1 EL Essig	
1 Pck. Vanillezucker	sowie
2 Eier	zu einem Mürbeteig verkneten, über Nacht kalt stellen, dann ausrollen. Den Teig ausrädern auf 2 mit Backpapier belegte Bleche verteilen und mit
Butterflöckchen	belegen. Mit
Zucker	bestreuen. Bei 200 °C etwa 15 bis 20 Minuten backen und danach noch heiß mit
Sahne (flüssig)	bestreichen.

LandFrauen gestalten eine Vogeltränke aus Beton.

Pflaumen-Zimt-Schnitten

250 g Mehl	mit
2 TL Backpulver	und
100 g Zucker	
100 g brauner Zucker	
2 Eier	
250 ml Milch	
2 EL Amaretto	
1 EL Zimt	sowie
125 ml Öl	in einer Rührschüssel gut verrühren und in eine 25 x 25 cm große Form füllen. Mit zwei Teelöffeln
Pflaumenmus	in kleinen Kleksen auf dem Teig verteilen. Bei 190 °C etwa 30 bis 40 Minuten backen. Nach dem Backen mit
Puderzucker	bestreuen.

> Ein saftiger Kuchen, der auch noch schnell zubereitet ist.

144

Schlauchturm in Wendessen

Torwächter in Wendessen

Rosinenstuten

500 g Mehl	mit
1 Pck. Trockenhefe	sowie
40 g Zucker	mischen.
100 g Butter	schmelzen, zusammen mit
250 ml Milch (lauwarm)	
2 Eier	und
1 gestr. TL Salz	unter das Mehl kneten. Zum Schluss noch
200 g Rosinen	und
100 g gehackte Mandeln	unterkneten. Den Teig 30 Minuten gehen lassen. In eine gefettete Kastenform füllen und weitere 30 Minuten gehen lassen. Bei 180 °C etwa 45 Minuten backen.

145

Stromkasten in Remlingen

Blick auf Remlingen

Vanille-Kipferl

110 g Butter	mit
40 g Zucker	
140 g Mehl	und
60 g geriebene Mandeln	verkneten. Sollte der Teig noch zu bröselig sein, kann man
1 Ei	dazugeben. Aus dem Teig Rollen formen und über Nacht kalt stellen. Am nächsten Tag Kipferl formen und auf ein mit Backpapier belegtes Blech legen. Nicht zu dicht! Bei 175 °C etwa 15 Minuten backen.
250 g Puderzucker	mit
4 Pck. Vanillezucker	mischen und die Kipferl noch heiß darin wenden.

146

Zu Weihnachten gibt's Schnee.

**Skulpturenweg Salzgitter, Straße des Friedens:
Der Kuss, 1999 von Menashe Kadishman**

Der Skulpturenweg –
Von Paris über Salzgitter bis Moskau

Von Meike Schreiber

Der Maler und Bildhauer Otto Freundlich formulierte 1928 in Paris die Idee einer Straße der Skulpturen von Paris nach Moskau. Die Hauptstadt der Kunst und die Hauptstadt der Revolution sollten miteinander verbunden werden. Die Idee wurde nicht umgesetzt, sondern vergessen. In den 1970er Jahren belebte der Bildhauer Leo Kornbrust die Idee wieder. In St. Wendel/Saar begann er den ersten Abschnitt mit heute über 50 Skulpturen. In Niedersachsen gibt es drei Teilstrecken des Skulpturenweges: in Salzgitter, Lamspringe und Braunschweig. Eine europäische Idee mit europäischen Künstlern wird nun zu einem neuen Wahrzeichen der Stadt.

Die Künstler haben in Salzgitter-Bad bisher neun Skulpturen aus Stahl aufgestellt, die im Spannungsverhältnis von Landschaft, Technik und Geschichte der Stadt stehen. Die Stadt Salzgitter sieht die Skulpturen als ein Dialog mit dem Umland, der Kunst und Internationalität, der Völkerverständigung und Begegnung der Menschen.

Salzgitter ist durch die frühere Erzförderung und Verhüttung in der Region von der Salzgitter AG geprägt. Der Vorstand des Salzgitter-Konzerns will mit dem Werkstoff Stahl an die Geschichte und die Bedeutung der Stahlstadt Salzgitter anknüpfen und fördert das Kunstprojekt.

147

Fünf Skulpturen befinden sich am Thermalsolbad und sind zu Fuß gut erreichbar. »Der Kuss« von Menashe Kadishman ist direkt aus der Zeichnung entstanden. Die Vögel, die sich leicht und schwebend in der Luft küssen und dabei die monumentale Schwere des Materials vergessen lassen, sind für den Künstler Symbol von Frieden, Versöhnung und Liebe. Weiter befinden sich hier der »Kubus offen« von Leo Kornburst, »Glacier« von James Reineking, »Shadow Dimension« von Hironi Akiyama und »Kopf-Salzgitter« von Franz Bernhard.

Die anderen Skulpturen sind vom Union-Sportplatz erreichbar. Sehr beeindruckend ist die »Jakobsleiter« von Gerd Winner. Der Künstler denkt hier an das erste Buch Mose: Jakob träumt von einer Himmelsleiter und hört die Worte Gottes. Weiter findet man hier »Sonne, Mond und Himmel« von Jean Ipoustéguy und »Opus Magnum« von Ulrich Rückriem.

Quelle: www.skulpturenweg-salzgitter-bad.de

Gerd Winner: Jakobsleiter

Kürbis auf orientalische Art

Für 7 Gläser zu je 500 ml

4 kg Kürbisfleisch	in Würfel schneiden in
250 ml Wasser	mit
250 ml Weinessig	über Nacht ziehen lassen. Am nächsten Tag abgießen und gut abtropfen lassen.
500 ml Wasser	mit
500 ml Weinessig	und
650 g Zucker	
4 Gewürznelken	
5 grüne Kardamomkapseln	
1 TL Koriander	
1 TL Pfeffer	
2 Sternanis	sowie
1 rote Chili (entkernt, in Streifen geschnitten)	aufkochen. Die Kürbiswürfel darin portionsweise 5 Minuten glasig kochen, dann aus dem Sud nehmen und in die Gläser füllen. Den Sud nochmals aufkochen und in die Gläser füllen. Die Gläser sofort verschließen und für 5 Minuten auf den Kopf stellen.

Drei Prachtexemplare von Kürbissen

Dorfidylle

Apfel-Schmalz

Angaben für 4 Schüsseln mit 200 ml Inhalt

250 g Schweineflomen	würfeln und im Topf zerlassen.
500 g Gänseschmalz	zufügen, darin schmelzen lassen und 5 Minuten zusammen köcheln.
2 rote Zwiebeln	fein würfeln. Von
1 Töpfchen Thymian	die Blättchen von den Stielen zupfen und hacken.
2 säuerliche Äpfel	waschen, vierteln, Kerngehäuse entfernen. Das Fruchtfleisch in Stücke schneiden. Alle Zutaten zum Schmalz geben und weitere 5 Minuten köcheln. Mit
bunter Pfeffer (gemahlen)	würzen, in Schüsseln füllen und kalt stellen.

149

St. Nicolai Kirche in Neindorf

Fachwerkhaus in Neindorf

Was Großmutter noch wusste

Bananen

Will man nur einen Teil der Banane essen, schneidet man die Banane ungeschält durch und bestreicht die Schnittfläche mit Zitronensaft, so wird die Banane bis zum nächsten Tag nicht braun.

Braten

Zum Angießen eines Bratens verwendet man nur kochendes Wasser, bei kaltem Wasser wird das Fleisch hart. Gesalzen werden ganze Braten erst nach dem Anbraten, Steaks oder Schnitzel salzt man erst nach dem Braten. Die Kräuter für den Braten legt man in eine Filtertüte, verschließt diese mit einem Zahnstocher und kann sie so später ohne Probleme wieder entfernen.

Brot

Aus trockenen Brotresten lässt sich noch eine Suppe kochen. Man kocht die Brotreste in Brühe auf, streicht alles durch ein Sieb und fügt geröstete Zwiebeln zu.

Eier

So überprüft man, ob Eier frisch sind: Man legt sie in eine Schüssel mit Salzwasser. Sinken sie auf den Grund, sind sie frisch. Wenn sie aber an der Oberfläche schwimmen, sind sie alt. Eier kann man mit einem Trichter trennen: das Eigelb bleibt hängen, das Eiweiß läuft ab.

Fisch

Fischgeruch in Pfannen verliert sich schneller, wenn man kurz etwas Essig in der Pfanne aufkocht. Beim Kochen mit Fisch einen mit Essig getränkten Lappen zwischen Topf und Deckel legen, so verhindert man den lästigen Fischgeruch.

Flecken

Lästige Fettspritzer vermeidet man, indem man etwas Salz in das heiße Fett gibt.

Gemüse

Wird Gemüse gedünstet, so gibt man erst zum Schluss das Salz dazu, so bleiben einige Nährstoffe besser erhalten und man benötigt weniger Salz. Wenn man ein Bund Möhren gekauft hat, sollte man sofort das Kraut entfernen, da es den Möhren Saft entzieht. So welken sie nicht so schnell.

Wir sind in Rente!

Kaffee
Gemahlener Kaffee hält sich länger frisch, wenn man ihn im Kühlschrank aufbewahrt.

Öl
... wird nicht so schnell ranzig, wenn man von Zeit zu Zeit etwas Salz hinzufügt.

Senf
Eingetrockneten Senf kann man mit Öl, Essig und einer Prise Zucker wieder aufrühren.

Zitronen
Geriebene Zitronenschale lässt sich aufbewahren, wenn man sie mit Zucker vermischt und im geschlossenen Glas aufbewahrt.

151

Alter Ackerwagen

Obstsudoku

Orangen-Campari-Gelee

Für 4 bis 5 Gläser à 250 ml

1 Bio-Zitrone	und
1 Bio-Orange	gründlich waschen, die Schale fein raspeln und den Saft auspressen.
7 Orangen	halbieren und den Saft auspressen.
1 Karambole (Sternfrucht)	waschen und in dünne Scheiben schneiden, diese mit dem Zitrusfrüchtesaft und den Zitrusfrüchteschalen sowie
5 EL Campari	und
500 g Gelierzucker	in einem Topf verrühren. Unter ständigem Rühren bei starker Hitze aufkochen und 1 Minute sprudelnd kochen lassen. Das Gelee heiß in saubere Gläser füllen und sofort verschließen. Etwa 5 Minuten auf den Kopf stellen.

152

Bratapfelsirup

Ergibt 1,2 Liter Sirup

750 ml Apfelsaft	mit
1 kg weißer Kandis	
20 g Zitronensäure	und
3 Stangen Zimt	aufkochen. In 10 Minuten sirupartig einkochen lassen. Mit
4 cl Amaretto	abschmecken und heiß in Flaschen füllen, sofort verschließen.

> Der Sirup ist circa 4 Monate haltbar.

Äpfel

Punsch-Essenz

750 ml Wasser	mit
750 g Zucker	aufkochen. Den Saft von
2 Orangen	und
4 Zitronen	mit
2 TL Lebkuchengewürz	hinzufügen, nochmals aufkochen. Die Flüssigkeit durch ein Tuch gießen und
750 ml Rum oder Arrak (54 Vol.-%)	unterrühren.

Eine nette Geschenkidee zu Weihnachten. Zum Verzehr ein Drittel Essenz mit zwei Drittel kochendem Wasser, Tee oder Wein mischen.

153

Kunst am Tier

Apfelblüten

Ingwertee

30 g frischer Ingwer	schälen, in dünne Scheiben schneiden oder reiben.
1 l Wasser	zum Kochen bringen und mit dem Ingwer und
3 Pfefferkörner	10 Minuten kochen lassen. Den Tee durch ein Sieb gießen, mit
3 EL Honig	und
3 EL Zitronensaft	abschmecken.

Zwetschenmarmelade

Für 4 Gläser à 350 ml

1 kg Zwetschen	entsteinen und pürieren.
1 TL Zimt oder 1 TL Vanillezucker	dazugeben.
500 g Gelierzucker (1:2)	unterrühren, zum Kochen bringen und 3 Minuten kochen lassen. Heiß in Gläser füllen und verschließen.

154

Holunderblütengelee mit Apfelsaft

15 – 20 Holunderblütendolden	in einem Gefäß mit
1 l Apfelsaft	übergießen und zugedeckt über Nacht ziehen lassen. Dann die Blütendolden abgießen. Den Saft mit
1 kg Gelierzucker (1:1)	und dem Saft von
1 Zitrone	aufkochen und 4 Minuten sprudelnd kochen lassen. Sofort in saubere Gläser abfüllen.

Der Oberst und seine Garde

Sprüche rund um die Küche

Ganz für sich allein sollte man nicht essen, wenn einem das eigene Wohl am Herzen liegt, in Gesellschaft von zwei, drei oder mehreren soll der Mensch seine Mahlzeit zu sich nehmen.
(Indisches Sprichwort)

Ein Apfel täglich, keine Krankheit quält dich.
(Lebensweisheit)

Gar lieblich dringen aus der Küche
Bis an das Herz die Wohlgerüche.
Hier kann die Zunge fein und scharf
Sich nützlich machen, und sie darf.
(Wilhelm Busch)

Wer essen will, sollte den Koch nicht beleidigen.
(Chinesisches Sprichwort)

Von Liebe allein wird keiner satt.
Wohl dem der was zu löffeln hat.
(Italienisches Sprichwort, »Osterlinder«)

Kochen ist eine Kunst und eine gar edle.
(Henriette Davidis)

155

Ein Wald voller LandFrauen

Weihnachts-Chutney

450 g Äpfel	schälen und fein würfeln.
500 g Trockenobst	fein würfeln. Die Früchte in
150 ml Apfelessig	mit
250 ml Orangensaft (frisch gepresst)	
1 TL Lebkuchengewürz	
1 EL Orangenschale (fein gerieben)	und
150 g brauner Zucker	langsam erhitzen. Wenn der Zucker sich aufgelöst hat, alles unter ständigem Rühren aufkochen. Für 45 Minuten leicht köcheln lassen, dabei ständig rühren, brennt leicht an. Sofort in Twist-Off Gläser füllen, mit einem Deckel verschließen und 1 Monat ziehen lassen.

> Schmeckt gut zu Geflügel, Wild und Käse.

Mühle am Bunkenstedter Turm

Sturmfest und erdverwachsen

Waldmeistersirup

3 Hände voll Waldmeister	mit
40 g Weinsteinsäure	in
1 l Rum	etwa 24 Stunden ziehen lassen, dann abseihen.
1,5 kg Zucker	mit
65 – 100 ml Obstessig	in
6 l Wasser	aufkochen. Den Waldmeistersud hineingießen.

> Dieser Sirup hält sich 1 Jahr und schmeckt lecker
> zu Eis, Sekt oder einfach mit Wasser gemischt.

Holunderblütensirup

157

2 l Wasser	zum Kochen bringen.
100 g Zitronensäure	sowie
3 kg Zucker	darin auflösen.
3 Bio-Zitronen	in Scheiben schneiden und alles zusammen in einen Kunststoffeimer füllen.
30 Holunderblütendolden ohne Stiele	unterrühren. 2 Tage an einem kühlen Ort ziehen lassen. Den Sirup abfiltern und in Glasflaschen abfüllen.

> Lecker mit Wasser und Sekt.

Glückspilze

Grüne Unschuld (für 1 Glas)

12 cl Apfelsaft	mit
4 cl Orangensaft (rot)	
1 cl Zitronensaft	sowie
2 cl Curaçao (ohne Alkohol)	vermischen und in ein Glas füllen. Mit
2 Eiswürfel	servieren.

Landflirt (für 1 Glas)

1 EL Amaretto	mit
2 EL Apfelsaft	sowie
1 Spritzer Zitronensaft	im Shaker vermischen und in ein Glas geben. Mit
100 ml Sekt	auffüllen und
2 Eiswürfel	dazugeben.

Landliebe

200 ml Apfelsaft	mit
200 ml Bitter Lemon	und
5 cl Grenadine	mischen. Mit
Zitronensaft	abschmecken.
Eiswürfel	in Gläser verteilen. Den Cocktail auffüllen und nach Phantasie dekorieren. Sofort servieren.

Landlust (für 1 Glas)

4 cl italienischer Kräuterlikör	mit
14 cl Apfelsaft	sowie
8 cl Grenadine	im Shaker vermischen, in ein Glas füllen und
2 Eiswürfel	dazugeben.

159

Auf gute Nachbarschaft

Erdbeer-Shake (für 1 Glas)

4 – 5 Erdbeeren	waschen und klein schneiden.
75 g Joghurt	mit
1 TL Zucker oder Honig	
1 TL Zitronensaft	und
1 TL gemahlene Nüsse	schaumig schlagen.
100 ml Multivitaminsaft	und die Erdbeeren hinzufügen.

Eisbowle

2 l Wasser	mit
750 g Zucker	aufkochen, den Saft von
8 Zitronen	dazugeben. Alles in einen großen Steintopf gießen und abkühlen lassen.
750 ml Rum (54 Vol.-%)	sowie
1,5 l Weißwein	dazugießen. Im Gefrierschrank mindestens 36 Stunden frieren lassen, anfangs ab und zu umrühren.

Köstliche Erdbeeren

Erdbeerstand

Würziger Nusslikör

Ergibt etwa 1,5 Liter

30 grüne Walnüsse	wenn sie noch ganz weich sind, Ende Juni, ernten. Zuerst in Scheiben schneiden, dann klein würfeln. In lauwarmes Wasser geben und nach 30 Minuten abgießen. Gut abtropfen lassen und in ein 2-Liter-Glas geben.
30 Gewürznelken	mit
4 Stangen Zimt	
20 Kaffeebohnen	
500 g brauner Kandis	und
1,4 l Cognac oder Weinbrand (40 Vol.-%)	dazugeben. Das Glas verschließen und 6 bis 8 Wochen an einen sonnigen Platz stellen. Das Glas einmal in der Woche schütteln. Danach durch einen Filter gießen und in Flaschen füllen.

161

Begrüßung in Salzdahlum

Erdbeerpflücken in Salzdahlum

Ginger-Apfel-Cocktail (für 1 Glas)

Eiswürfel	in ein Longdrinkglas geben.
8 cl Apfelsaft	und
6 cl Ginger-Ale	
2 cl Lime Juice	sowie
8 cl Mineralwasser	auffüllen, umrühren und sofort servieren.

Melonenbowle

1 große Wassermelone	
1 Honigmelone	Das Fruchtfleisch aus den Melonen herauslösen, entkernen und in Würfel schneiden. Das Melonenfleisch in ein Gefäß geben und mit
500 ml halbtrockener Sherry	begießen. Etwa 1 Stunde durchziehen lassen. Mit
700 ml Apfelsaft	und
1,5 l Sekt	auffüllen.

162

Schmeckt sehr erfrischend.

Kniestedter Kirche in Salzgitter-Bad

Das Mütze

Von Andrea Kempe

Nein, hier geht es nicht um eine Kopfbedeckung. Mütze ist vielmehr die saloppe Abkürzung für »SOS-Mütterzentrum«. Das offene Mehrgenerationenhaus befindet sich in Salzgitter-Bad. Hier treffen sich Jung mit Alt, Wissende mit Ratsuchenden, Zeitgebende mit Zeitsuchenden. Das Motto »Begegnung schafft Beziehung und Beziehung schafft Vertrauen« wird vor Ort gelebt. Unter einem Dach gibt es Bildungsangebote wie Kurse und individuelle Förderung, Arbeitsplätze zur Wiedereingliederung sowie Beratungen für alle Lebensfragen. Integriert ist das Kinderhaus mit Krippe, Hort und Kindergarten, der Altenservice mit Tagespflege für Menschen, die Hilfe brauchen, sowie Beratungsmöglichkeiten für Angehörige. Das Haus ist den ganzen Tag geöffnet für Aktivitäten zum Mit- und Selbermachen und es gibt immer etwas Gutes zu Essen, natürlich vor Ort zubereitet.

Im Jahre 1999 kam das Mehrgenerationen-Wohnhaus dazu. Eingebunden in das Konzept des Mütterzentrums wohnen dort besonders junge Familien, Senioren oder Alleinerziehende, die an Leistungen wie Mittagstisch, Kinderbetreuung, Hausaufgabenhilfe oder Seniorenbetreuung interessiert sind.

163

Mütterzentrum Salzgitter-Bad

Orangen-Eier-Likör

Ergibt etwa 750 ml

1 unbehandelte Orange	heiß abwaschen und abtrocknen. Die Schale fein abreiben. 2 EL Saft aus der Orange pressen.
1 Vanilleschote	mit einem spitzen Messer aufschlitzen. Das Mark mit der Messerrückseite oder mit einem kleinen Löffel herauskratzen.
5 frische Eigelb (Größe L)	und
130 g Zucker	mit einem Mixer cremig rühren, aber nicht schaumig aufschlagen. Die abgeriebene Orangenschale und das Vanillemark dazugeben. Nach und nach auf höchster Stufe
250 ml Sahne	untermixen. Dann auf niedriger Stufe
250 ml Cognac oder Weinbrand	hinzufügen. Zuletzt die 2 EL Orangensaft unterrühren. Den Likör in vorbereitete, gut gesäuberte Flaschen oder Gläser füllen und fest verschließen. Kühl aufbewahren!

> Statt mit Cognac oder Weinbrand kann der Likör auch mit weißem Rum, Orangenlikör, Whisky oder Wodka zubereitet werden.

Blick über Neindorf zum Oder

Schlehenlikör

1 kg Schlehenfrüchte	verlesen, waschen, trockentupfen und mit einem spitzen Messer mehrmals einstechen.
1 Vanilleschote	halbieren und klein schneiden. Die Zutaten mit
2 TL Nelken	
5 Wacholderbeeren	und
500 g dunkler Kandiszucker (zerstoßen)	in ein entsprechend großes Ansatzgefäß geben.
2,25 l Weizendoppelkorn (38 Vol.-%)	über die Früchte gießen. Das Ansatzgefäß gut verschließen und das Ganze an einem kühlen, dunklen Ort mindestens sechs Wochen reifen lassen. Anschließend den fertigen Likör über ein sauberes, feines Passiertuch oder einem Papierfilter abseihen. Den Schlehenlikör in dekorative gut verschließbare Flaschen füllen. Die Früchte separat in kleine, gut verschließbare Einmachgläser füllen und beides – Likör und Früchte – bis zum Verzehr kühl stellen.

165

Schlehenfrüchte sollten vor der Ernte schon einmal Frost abbekommen haben.

Begriffserläuterungen

Abbacken / Ausbacken	Etwas in heißem Fett schwimmend backen.
Ablöschen	Das Angießen von scharf angebratenem oder geschmortem Fleisch oder Gemüse.
Abschmecken	Eine Speise mit den Grundgewürzen Salz, Pfeffer, Zucker usw. nach eigenem Geschmack würzen.
Andünsten / Anschwitzen	Ein Lebensmittel in heißem Fett leicht rösten, ohne es zu braten. Das Lebensmittel soll nur glasig werden, z. B. Zwiebeln.
Ausbraten / Auslassen	Den Speck so lange braten, bis das Fett herausgebraten ist.
Blanchieren	Zutaten in einen Topf mit kochendem Wasser geben und kurz köcheln lassen.
Garen / Köcheln	Eine Speise sollte nicht stark kochen. Die Hitzezufuhr muss so gedrosselt werden, dass nur ein leichtes Aufsteigen von Kochblasen zu sehen ist.
Gratinieren	Das Überbacken von Speisen.
Legieren	Ist das Binden und Verfeinern von Gerichten mit Eigelb. Das Ei oder Eigelb wird mit warmer Flüssigkeit vermischt und unter ständigem Rühren in die nicht mehr kochende Speise gegeben.
Karkasse	Aus dem Französischen: Carcasse für Gerippe. Karkasse nennt man das nach dem Tranchieren meist kleinerer Tiere zurückbleibende Knochengerüst samt eventuell anhaftender Fleischreste.
Marinieren	Ist das Einlegen von Lebensmitteln in eine gewürzte Flüssigkeit, um der Speise einen besonderen Geschmack und bessere Haltbarkeit zu verleihen.
Mehlschwitze	Traditionelles Bindemittel von Suppen und Soßen (Fett zerlassen und Mehl einrühren).
Parieren	Fleisch von Fett und Sehnen befreien.
Passieren	Flüssigkeiten durch ein Sieb oder Tuch geben.
Pürieren	Ein gares Lebensmittel wird stark zerkleinert. Früher war hierfür in vielen Haushalten die »Flotte Lotte« ein beliebtes Haushaltsgerät, z. B. um Apfelmus herzustellen.
Reduzieren	Flüssigkeit fast vollständig verkochen lassen (einkochen).
Stocken lassen	Das Garen von Eiern oder Eimasse, bei mäßiger Hitze im Topf oder Wasserbad, ohne dabei das Gargut umzurühren.
Wasserbad	Ist eine Methode, um Speisen indirekt mit Hitze zu versorgen. Dabei wird der Topf mit den Speisen in einen anderen Topf mit heißem Wasser auf den Herd gestellt.
Zerlassen	Butter oder Margarine in einer Pfanne oder einem Topf bei mäßiger Hitze schmelzen, aber nicht braun werden lassen.

Maße und Gewichte

1 gestr. EL Fett	15 g	1 Liter	1000 ml / 1000 ccm
1 gestr. EL Mehl	10 g	¾ Liter	750 ml / 750 ccm
1 geh. EL Mehl	15 g	½ Liter	500 ml / 500 ccm
		⅜ Liter	375 ml / 375 ccm
1 kleine Zwiebel	30 g	¼ Liter	250 ml / 250 ccm
1 mittlere Zwiebel	50 g	⅛ Liter	125 ml / 125 ccm
1 große Zwiebel	70 g		
		1 TL	5 ml
1 kleine Kartoffel	70 g	1 EL	15 ml
1 mittlere Kartoffel	120 g	1 Tasse	150 ml
1 große Kartoffel	180 g		
½ kg	500 g		
1 kg	1000 g		

Abkürzungen

Msp.	Messerspitze
EL	Esslöffel
geh. EL	gehäufter Esslöffel
gestr. EL	gestrichener Esslöffel
TL	Teelöffel
geh. TL	gehäufter Teelöffel
gestr. TL	gestrichener Teelöffel
g	Gramm
kg	Kilogramm
ml	Milliliter
cl	Zentiliter
l	Liter
ccm	Kubikzentimeter
Pck.	Päckchen
°C	Grad Celsius
TK	Tiefkühlkost

Rezeptregister nach Kapiteln

Vorspeisen und kleine Leckereien

Blätterteig-Schiffchen mit Lachscreme 8
Kräuter-Lachs-Nocken auf Salat 9
Pizzabrötchen 9
Mini-Käsebrötchen 10
Gefüllter Mozzarella – gebacken 11
Möhren-Antipasti 11
Porree-Birnen-Tarte 12
Kartoffelwaffeln 14
Marinierter Brie 14
Knoblauch-Garnelen auf Salat 15
Kräuterfaltenbrot 16
Obazda 17
Räucherforellenmousse 19
Schwedische Lachspizza 19

Salate

Bunter Matjessalat 20
Kritharáki-Salat 21
Käse-Wurst-Salat 21
Nudelsalat 23
Eisbergsalat mit Krabben 23
Dosen-Salat 24
Eier-Schinkensalat 24
Lauwarmer Gnocchi-Salat 25
Spaghetti-Salat 26
Weißkohlsalat 27
Thunfischsalat 28
Krautsalat 28
Tortellini-Salat 29
Winterrohkost mit Rote Bete 30
Frisée-Salat mit Speck und Nüssen 31

Suppen und Eintöpfe

Bananen-Curry-Suppe 32

Kürbissuppe 33

Kürbis-Eintopf 33

Erbsensuppe 34

Harzer Brockensuppe 35

Blaue Kartoffelsuppe 35

Gemüsesuppe mit Klump 36

Partysuppe aus dem Backofen 38

Rosenkohl-Cremesuppe 39

Steckrüben-Eintopf 40

Tomatensuppe mit Krabben 41

Rote-Bete-Meerrettichsuppe 41

Mitternachtssuppe 44

Steckrübensuppe »Heißer Heinrich« 45

Zucchinisuppe 45

Fleischgerichte

Würziges Winzerfleisch 46

Hessischer Fleischtopf 47

Weißwurst-Ragout 47

Hähnchenfilet mit Ahornsirup 50

Bohnen-Hackauflauf mit Käsehaube 51

Hackbällchen in Pilzsahne 52

Hackfleisch-Pizza mit Paprika 53

Reiterfleisch 54

Wirsing-Hack-Lasagne 55

Gefülltes Roastbeef 57

Hornburger Hopfenbraten 57

Rindfleisch mit Meerrettichsoße 58

6-Stunden-Braten 59

Gyros »Spezial« mit Paprika 59

Braten-Käse-Auflauf 60

Filetröschen mit Pilzrahm 62

Schweinefilet mit Kräuterfrischkäse 63

Dill-Geschnetzeltes 63

Salzbraten 64

Schweinefilet mit Gorgonzola 64

Fischgerichte

Fischauflauf 66

Fischragout mit Käse-Senf-Soße 67

Lachs im Wirsingmantel 68

Lachsforelle in Folie 69

Matjescreme mit Eiern 72

Räucherlachs mit Bandnudeln 73

Gebackene Senfeier 74

Traditionelle Gerichte und Beilagen

Überbackene Speckböhnchen 74

Herzhafte Gemüsepfanne 75

Braunkohl mit Brägenwurst 76

Spargel mit Nudeln und Schinken 77

Steckrübenpüree mit Frikadellen 78

Kartoffelklump 80

Backofengemüse 81

Schinkenkartoffeln 84

Röhrklump 84

Wirsing-Kartoffelpüree-Auflauf 85

Kochen mit Kindern

Möhrensalat 87

Erdbeer-Tiramisu 87

Bunter Knetekuchen 88

Spinat-Makkaroni-Auflauf 89

Zauberfruchtspeise 89

Das besondere Pfannkuchen-Rezept 90

Kartoffelauflauf 91

Dips und Soßen

Bärlauchpesto 92

Knoblauchsoße 93

Basilikumaufstrich 93

3-Käse-Kräuter-Soße 94

Cassis-Soße 94

Kräuter-Joghurt-Dressing 95

Kräuter-Vinaigrette 95
Honigkuchensoße 97
Salatsoße nach Sylter Art 98
Petersilienpesto 98
Tomaten-Käseaufstrich 99
Lachsaufstrich 99

Crêpes mit Brombeersoße 106
Nuss-Schuhsohlen mit Obstsalat 107
Orangenparfait mit heißen Himbeeren............ 108
Äpfel im Schlafrock 109

Süße Vielfalt und Desserts

Aus der Backstube

Joghurtbombe 100
Quarkpudding 100
Vanillesoße – extra lecker 100
Rosa Wölkchen 101
Schlankes Tiramisu 102
Aprikosen-Mandel-Soufflé 103
Weincreme 105
Bratapfelauflauf mit Marzipanguss 106

Apfelblätterteig von Oma Inge 110
Gedeckter Apfelkuchen 111
Blaubeerkuchen 112
Apfel-Mohnkuchen 114
Aprikosenkuchen 115
Rhabarberkuchen vom Blech 115
Schokoladenkuchen 116
Mohnkuchen 117
Ernas Apfelstrudel 118
Wattekuchen (Sandkuchen) 120

Streuselkuchen mit Äpfeln 121
3-Tage-Torte.. 122
Gretes feine Apfeltorte 123
Friesen-Torte... 124
Rhabarbertorte 125
Käsetorte.. 126
Haselnusstorte 126
Quark-Mandarinen-Torte 128
Rotkäppchentorte.. 129
Blitztortenboden 130
LandFrauentorte.. 131
Mohrenkopftorte.. 132
Vanille-Mandarinen-Torte............................... 133
Zebra-Torte 134
Weiße Mousse au Chocolat-Torte 136
Walnuss-Sauerrahm-Torte 138
Brownies.. 139
Müsliwürfel mit Rübensaft 140
Apfelbrot... 142
Italienische Kekse 143
Flottschnitzel 143
Pflaumen-Zimt-Schnitten................................ 144
Rosinenstuten 145
Vanille-Kipferl... 146

Kleine Besonderheiten aus der Vorratskammer

Kürbis auf orientalische Art 148
Apfel-Schmalz 149
Orangen-Campari-Gelee 152
Bratapfelsirup... 152
Punsch-Essenz 153
Ingwertee.. 154
Zwetschenmarmelade..................................... 154
Holunderblütengelee mit Apfelsaft................. 154
Weihnachts-Chutney 156
Waldmeistersirup.. 157
Holunderblütensirup....................................... 157

Köstliche Kaltgetränke und Liköre

Grüne Unschuld 158
Landflirt.. 158
Landliebe.. 159
Landlust.. 159
Erdbeer-Shake 160
Eisbowle 160
Würziger Nusslikör 161
Ginger-Apfel-Cocktail..................................... 162
Melonenbowle 162
Orangen-Eier-Likör 164
Schlehenlikör.. 165

Bildquellennachweis

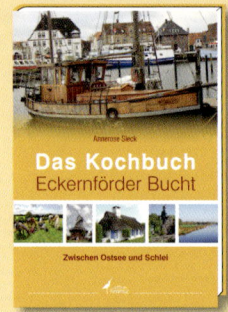
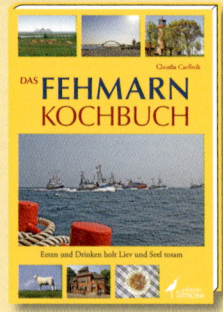

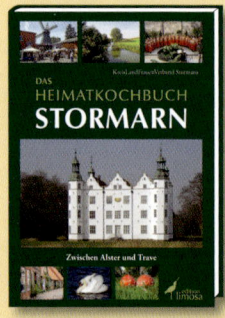

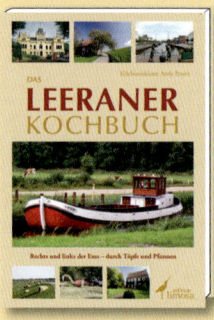
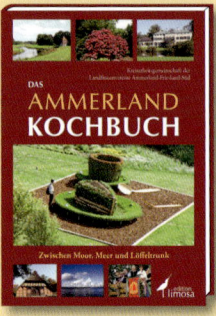

Kreislandfrauenverband Osterholz

Das Heimatkochbuch
OSTERHOLZ

Zwischen Weser und Wörpe

Karin Meyer-Kirstein

DAS **WENDLAND**
KOCHBUCH

Zwischen Rundling und Roulade

Das Osnabrücker
Landkochbuch

Zwischen Steckenpferdreiten und Stutenkuppen

Kreislandfrauen Melle

Das Kochbuch
Grönegau

Zwischen Bilturkation, Brackwargjagd und Butterkuchen

DAS
SÜDLICHE WESERBERGLAND
KOCHBUCH

Rund um den Weserstein

Heute Kuhn

DAS **KOCHBUCH**
ROTENBURG (WÜMME) UND UMZU

Zwischen Heide und Grünkohl

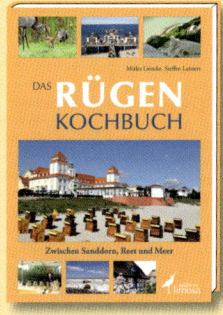

Mirko Lünnke, Steffen Lehnen

DAS **RÜGEN**
KOCHBUCH

Zwischen Sanddorn, Reet und Meer

Sylvia Melss

DAS GRIESE GEGEND
KOCHBUCH

Zwischen Klump und Boddenmelkatten

Daniel Hübner

Das Kochbuch
Zossener Land

Von Aal in Gelee bis Zeppelin Bunker

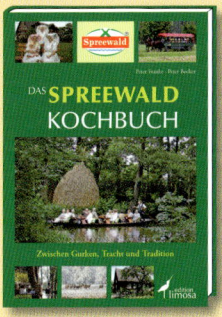

Petra Stoeke · Peter Becker

DAS **SPREEWALD**
KOCHBUCH

Zwischen Gurken, Tracht und Tradition

Michael Hahn · Jens Joachim · Antonia Wien

DAS
HOHER FLÄMING
KOCHBUCH

Zwischen Findling und Fläming-Forelle

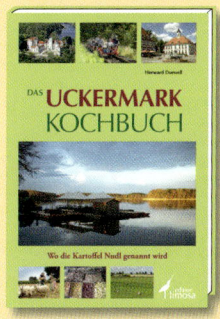

Howard Darnell

DAS **UCKERMARK**
KOCHBUCH

Wo die Kartoffel Nudl genannt wird

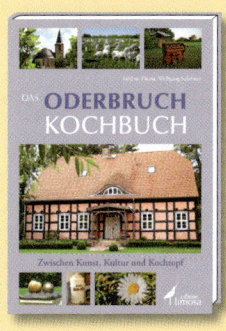

Jutta Thom, Wolfgang Schröer

DAS **ODERBRUCH**
KOCHBUCH

Zwischen Kunst, Kultur und Kochtopf

Matthias Eichhorn

DAS **ELBE-ELSTER**
KOCHBUCH

Küchengeflüster zwischen Schlbecherland und Heidekraut

Jürgen Srajer

DAS **PRIGNITZ**
KOCHBUCH

Geschichten und Rezepte zwischen Knieperkohl und Elbdeich

Rene und Andrea Oleyniki

DAS
SAALE-UNSTRUT
KOCHBUCH

Natur, Kultur und Wein – Genießen im Weinberg

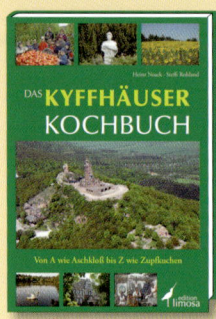

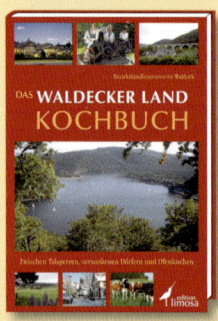

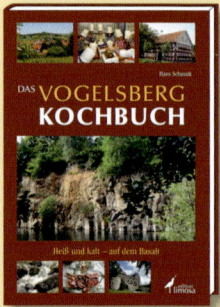

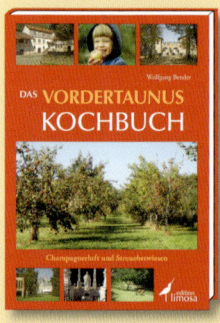

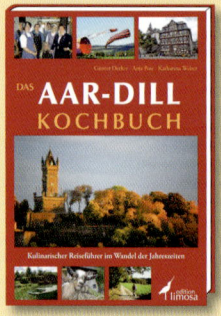

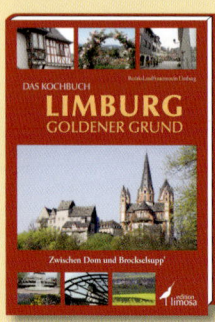

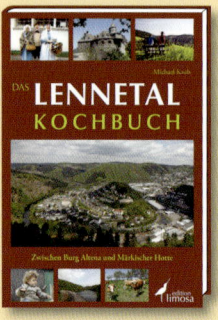

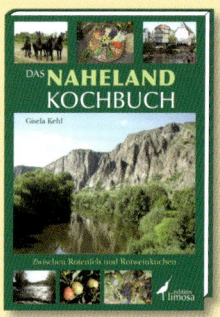

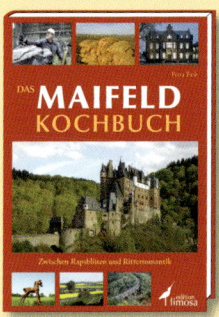

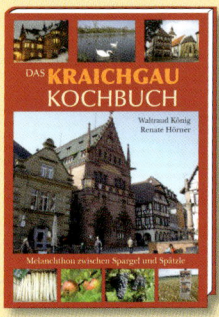

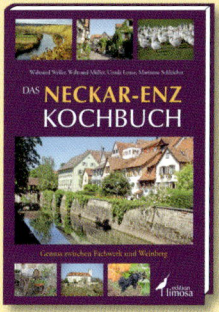